NOTES

ADDITIONNELLES ET RECTIFICATIVES

AU

GALLIA CHRISTIANA

NOTES

ADDITIONNELLES ET RECTIFICATIVES

AU

GALLIA CHRISTIANA

———

Si, parmi les travaux qui illustrèrent, au siècle dernier, la famille de St-Benoît, il en est un qui ait contribué plus que les autres à rendre proverbiales la patience infatigable et la profonde érudition des religieux de cet ordre, c'est sans contredit le monument gigantesque que Denis de Sainte-Marthe et ses collaborateurs élevèrent à la gloire de l'Eglise de France, sous le titre de *Gallia Christiana*. De là, encore de nos jours, la faveur qui accueille, à son apparition, tout essai, si humble soit-il, qui tend à apporter un perfectionnement quelconque à l'édifice primitif, et de là pareillement la confiance avec laquelle nous produisons au jour de la publicité ces quelques pages puisées aux sources les plus authentiques et soumises à la critique la plus sévère.

Ce fut en 1710, au moment où s'achevait un siècle qui avait honoré le talent plus que la science, que le clergé de France chargea le savant et modeste Bénédictin dont nous venons de prononcer le nom, de reprendre au pied l'œuvre tentée déjà deux fois, par Jean Chenu et Claude Robert, et enfin exécutée, mais sur une échelle restreinte, par Scévole et Louis de Sainte-Marthe. L'entreprise était immense, puisqu'il s'agissait d'écrire, année par année, la biographie de ceux qui avaient été, pendant quinze siècles, les chefs et les pasteurs des églises de France, et de retracer l'histoire des innombrables établissements monastiques dont les ordres de St-Benoît, de St-Augustin, de Cîteaux, de Prémontré, de Ste-Claire, etc., avaient couvert notre sol. L'entreprise était immense, disons-nous, et nécessitait le concours d'ouvriers trop nombreux pour que tous pussent être également expérimentés. Des imperfections de tout genre, des inexactitudes et surtout des lacunes étaient inévitables, et, en présence de l'étendue du travail, on n'a le droit d'être surpris que de leur petit nombre. Mais, si elles ne peuvent pas être imputées à reproche à leurs auteurs, il n'est pas moins du devoir des successeurs des Bénédictins, et particulièrement des dépositaires des sources de l'histoire, de combler les lacunes et de redresser les erreurs que peut présenter l'œuvre primordial. Tel est aussi le but de ces simples notes, tirées d'un mémoire manuscrit, objet, cette année même, d'une flatteuse distinction académique (1).

Les additions et rectifications qu'ont pu nous fournir les archives départementales de la Charente, intéressent le sol du diocèse actuel d'Angoulême, alors même que les dignitaires dont elles font connaître les noms et les actes, appartiennent aux diocèses voisins. C'est cette considération qui nous a déterminé à comprendre ces diocèses dans notre cadre, tout en faisant de celui d'Angoulême l'objet principal et comme le centre de notre travail, et en rangeant chacun des autres dans l'ordre que lui assignent ses relations avec le premier.

---

(1) Mention honorable décernée par l'Académie des Inscriptions et Belles-Lettres, au concours des antiquités de la France de 1879.

DIOCÈSE D'ANGOULÊME

ÉVÊQUES D'ANGOULÊME

(Gall. Christ., II, 975.)

I. Jean II, que le *Gallia Christiana* ne cite ni avant 1230 ni après 1237, reçoit, le lendemain de la fête de St-Laurent (11 août) 1228, l'hommage que lui devait Itier de Villebois, à cause de la châtellenie de La Rochechandry (1), et vidime, en mai 1238, une charte de Guillaume III, son prédécesseur (2).

II. Raoul I, sur lequel les auteurs du *Gallia* n'ont pas eu de mémoires avant 1247, reçoit, le 1er juin 1241, l'hommage de Guillaume du Doignon, chevalier, à cause du château de Blanzac (3), prononce, le 22 septembre 1242, une sentence entre lui et Hugues de Lusignan (4), et figure dans diverses chartes de l'évêché, des années 1244, 1245 et 1246.

III. Pierre II, que le *Gallia* ne cite pas après le V des calendes de février 1249, est en procès, en 1250, avec la comtesse d'Angoulême, au sujet de la forêt de Saint-Martin et du droit de pêche dans la Touvre (5), et scelle, en février 1251, une charte d'Imbert de Hautefaye en faveur de l'abbaye de La Couronne (6).

IV. R., évêque d'Angoulême, qui scelle, en avril 1251 (n. s.), une charte de Pierre de Brie portant vente par ce dernier à la comtesse d'Angoulême, de sa portion de la forêt de la Braconne (7), peut ne pas être le même que Robert de Montbron qui s'intitule *electus episcopus Engolismensis,* dans une charte de décembre 1252.

(1—2—3) Archives de la Charente, évêché d'Angoulême.
(4) Archives de l'Evêché, *Liber feodorum,* charte 6.
(5—6) Archives de la Charente, évêché d'Angoulême.
(7) Biblioth. nationale, cartul. des comtes d'Angoulême, charte 33.

V. Robert de Montbron, duquel le *Gallia* dit qu'il obtint l'évêché d'Angoulême vers 1250, et qu'il le conserva jusqu'à l'année 1260, se qualifie *electus episcopus Engolismensis* dans une lettre datée du mois de décembre 1252, par laquelle il informe Geoffroy de Lusignan qu'il a reçu l'hommage que Geoffroy de Bouteville, chevalier, lui devait pour ce qu'il tenait de lui dans les paroisses de Champagne, Bourzac, La Couronne et Nersac (1). Il figure dans une charte de l'abbaye de La Couronne, d'avril 1264, et dans une autre du 11 décembre 1265, et reçoit, le 11 juin 1267, l'hommage-lige d'Henri de Belleville, pour la terre de Marcillac (2).

VI. Pierre IV, que le *Gallia* ne cite qu'à la date de son élection qui eut lieu le 22 novembre 1272, permet, par lettres du mercredi après l'octave de St-Pierre et St-Paul (7 juillet) 1273, aux habitants de Vars de vendre du vin dans certaines circonstances déterminées par la charte (3). Il n'était plus évêque le 16 août 1273, date à laquelle le doyen du chapitre scelle une charte de son sceau, *sede episcopali vacante* (4).

VII. Guillaume V de Blaye, duquel le *Gallia* dit qu'il vit l'année 1309, n'était plus évêque d'Angoulême le lundi après la fête de St-Mathieu (22 septembre) 1307, époque à laquelle Jean, doyen d'Angoulême, scelle. *sede episcopali vacante*, un traité conclu entre Hélie, abbé de Saint-Cybard, et Guillaume d'Argence (5).

VIII. Foulques de La Rochefoucauld, que le *Gallia* cite pour la première fois à la date du 30 avril 1309, scelle, le Samedi-Saint (14 avril) 1308, la charte par laquelle Aimeri de Saint-Ciers, chanoine de Saintes, donne cent livres de rente à l'abbaye de La Couronne (6).

---

(1) Archives de la Charente, évêché d'Angoulême.
(2) Ibid. — Il résulte de ces chartes que Robert de Montbron a occupé le siège d'Angoulême de 1252 à juin 1267, et qu'il faut encore retrancher de la liste, Pierre III et Raymond qui paraissent n'être qu'un seul homme, Pierre Raymond, lequel fut doyen d'Angoulême et non évêque, aux dates indiquées. Peut-être faut-il supprimer également Guillaume IV, et voir dans Robert II le même évêque que Robert I.
(3) Archives de la Charente, évêché d'Angoulême, Vars.
(4—5) Ibid., évêché d'Angoulême.
(6) Ibid., abb. de La Couronne.

IX. Hélie, que le *Gallia* ne relate pas après le 2 mai 1376, reçoit, le 4 des nones de mai (4 mai) 1378, l'aveu d'Aimeri Codoul (1).

X. Jean IV, sur lequel le *Gallia* n'a pas eu de renseignements après 1381, fait, le mardi après la fête de St-Philippe et St-Jacques (2 mai) 1382, une baillette pour un verger à Vars (2), scelle, le 18 novembre de la même année, une charte de l'abbaye de Saint-Ausone, et reçoit, le 1er juin 1384, l'hommage de Jean de la Bernerie (3).

XI. Jean V Fleury, dont les auteurs du *Gallia* n'ont pas connu le nom de famille et qu'ils ne citent que d'après deux chartes, l'une du 3 mars 1418, l'autre du 7 septembre 1419, reçoit, le 25 novembre 1414, l'hommage de Pierre de Livenne, écuyer, et saisit féodalement, faute d'hommage, le 2 décembre 1426, des terres et vignes appartenant à Jean d'Orfont (4). A une époque que nous ne pouvons préciser, mais postérieurement au 26 mars 1431, il fut transféré au siège de Luçon. Il mourut à Poitiers où il s'était retiré, le 17 octobre 1441 (5).

XII. Robert III de Montbron, que les auteurs du *Gallia* n'ont connu que par un hommage qu'il reçut en 1440, et par sa présence

---

(1) Archives de la Charente, évêché d'Angoulême, Montbron.
(2) Ibid., évêché d'Angoulême, Vars.
(3) Ibid., évêché d'Angoulême.
(4) Ibid., évêché d'Angoulême.
(5) Trois enquêtes, des années 1463, 1456 et 1467, conservées dans le fonds de l'évêché (Vars), aux archives de la Charente, fournissent de précieuses indications sur la vie de cet évêque. La première porte que « feu messire Jehan Flory, en son vivant évesque d'Angolesme, le fut durant l'espace de dix ans » ; la seconde établit que le prédécesseur de l'évêque d'alors (Robert de Montbron), c'est-à-dire Jean V, « fut emprès évesque de Luxon » ; la troisième atteste que Jehan Fleury, évêque d'Angoulême, eut pour successeur Robert de Montbron. Cette dernière est ainsi conçue :
« Depuys icelluy temps de 60 ans, il a vu évesque d'Angolesme messire
« Jehan Floury, et amprès led. de Montbrun, auxquels, et mesmement
« audit Floury il vit chasser ès grosses bestes esd. lieux contentieux qui
« pour lors estoient en grands boys ; et luy qui parle y fut par plusieurs
« fois avecques le dit Floury, à chasser et à faire ses hayes, et y prenoient
« des grosses bestes, desquelles il en faisoit à son plaisir. Et luy qui parle
« et autres habitans dudit lieu de Vars, y ont par plusieurs fois chassé et
« prins des grosses bestes, et scet, quand ils en prenoient, qu'ils en por-
« toient audit évesque le quartier de darrière, par droit. »

à Tours, en 1443, à la translation du corps de St-Martin, nomme, le 5 décembre 1457, au prieuré de Saint-Cybardeaux, et, le 6 février 1465 (n. s.), à la cure de Saint-Yrieix, sur la présentation de l'abbé de Saint-Cybard (1).

XIII. GEOFFROY de Pompadour, que le *Gallia* ne cite pas après 1468, reçoit, le 28 juin 1469, un hommage pour des terres relevant de son évêché (2).

XIV. ROBERT IV de Luxembourg, dont le *Gallia* ne relate pas d'actes après 1482, nomme à la cure de Saint-Yrieix, sur la présentation de l'abbé de Saint-Cybard, le 12 septembre 1491 (3), transige avec Pierre des Vignes, vicaire perpétuel de la paroisse de Jurignac, le 1er septembre 1492 (4), et reçoit, le 6 juillet 1493, l'aveu et dénombrement d'Hélie de Montaigu, seigneur de Balzac (5).

XV. ANTOINE de la Barre, que les auteurs du *Gallia* n'ont connu qu'à la date de sa prise de possession, en 1524, arrente, le 22 novembre 1525, des terres à Vars, dépendant de son évêché (6), et adresse, le 12 avril 1526, un mandement à l'abbé de Chézal-Benoît (7).

XVI. JACQUES Babou de la Bourdaisière, dont le *Gallia* ne cite pas d'actes avant le 26 novembre 1532, institue Charles de Livenne, abbé de Saint-Cybard, son vicaire général, par lettres du 9 février 1528 (8), et adresse une requête à la chambre des comptes d'Angoulême, le 16 novembre de la même année (9).

XVII. PHILIBERT Babou de la Bourdaisière, frère du précédent, duquel le *Gallia* dit seulement qu'il était doyen de Saint-Martin de Tours, prend, le 13 juin 1533, en qualité d'administrateur perpétuel du diocèse d'Angoulême, des mesures pour réparer les

(1) Archives de la Charente, abbaye de Saint-Cybard.
(2) Ibid., évêché d'Angoulême.
(3) Ibid., abbaye de Saint-Cybard.
(4) Ibid., évêché d'Angoulême.
(5) Ibid., évêché d'Angoulême, Balzac.
(6) Ibid., évêché d'Angoulême, Vars.
(7) Ibid., abbaye de Saint-Cybard.
(8) Ibid.
(9) Ibid., évêché d'Angoulême.

désastres causés à l'abbaye de Saint-Cybard par les guerres (1), fait faire, le 29 mai 1550, une enquête pour établir les droits de l'évêché sur un mas de terre situé dans la paroisse de Vars (2), et s'institue un procureur à Rome, le 20 janvier 1567 (3).

XVIII. Charles de Bony, que le *Gallia* ne mentionne pas, comme évêque d'Angoulême, avant 1574, fait faire une enquête au sujet des droits de l'évêché sur la paroisse de Dirac, le 12 novembre 1572 (4).

XIX. François II Du Verdier, écuyer, prêtre, docteur en droit civil et canon, doyen du chapitre cathédral d'Angoulême, fut pourvu de l'évêché de cette ville à une date inconnue, et en prit possession le 1er juin 1738. Ce jour-là, MM. les chanoines, ayant appris qu'il était arrivé dans sa maison décanale, s'y transportèrent en corps pour le complimenter et le prier de se rendre en l'église cathédrale, ce qu'il fit. Il était attendu à la porte par l'archidiacre qui, lui ayant présenté et donné à baiser la croix d'argent, lui adressa sa harangue, à laquelle le dit seigneur évêque répondit « avec honêteté », après quoi le dit archidiacre posa devant lui un missel ouvert, le priant de jurer de tenir et observer les droits, prérogatives, bonnes et louables coutumes de la dite église, et « d'y donner les ornements accoutumés, à sa joyeuse entrée », ou de payer la somme de 1,200 livres, ce qu'il promit. S'étant alors mis en marche, au chant du *Te Deum,* le dit évêque, précédé de messire Pierre Mesturas, prêtre, son aumônier, et suivi des chanoines, se rendit au chœur où il se mit à genoux et fit sa prière, pendant que les chantres et musiciens faisaient entendre l'antienne *Petrus apostolus*, et les enfants de chœur le verset *Tu es Petrus.* S'étant ensuite levé, il s'approcha du grand autel, dit l'oraison *Deus qui beato apostolo tuo collatis clavibus,* prit en main sa crosse et donna la bénédiction solennelle, après laquelle il alla prendre place sur son siège épiscopal, puis dans la première stalle du chœur où il entendit la grand'messe (5). Le 23 septembre 1743, il résigna son doyenné en faveur de Pierre-Joseph Barreau de Girac (6), et le 16 juin 1747, il prit possession,

(1) Archives de la Charente, abbaye de Saint-Cybard.
(2) Ibid., évêché d'Angoulême.
(3) Ibid., évêché, inventaire de Jean Mesneau, n° 705.
(4) Ibid., évêché d'Angoulême, Dirac.
(5) Ibid., minutes de Deroullède, notaire à Angoulême.
(6) Ibid.

à titre de commande, de l'abbaye de Saint-Cybard qui venait d'être sécularisée (1). Le 15 septembre 1753, il fit son testament dans lequel il exprime la volonté d'être enterré dans sa cathédrale, sans cérémonial, comme un simple prêtre (2), et mourut peu de temps après.

XX. Joseph-Amédée de Broglie, pourvu de l'évêché d'Angoulême par bulles du III des Ides de février 1754, prit possession par procureur, le 20 mars suivant (3), et fit son entrée solennelle le 14 novembre de la même année (4). Le chapitre lui fit la même réception qu'à son prédécesseur et demanda de lui les mêmes engagements, savoir de conserver les louables coutumes de l'église d'Angoulême, et de donner les ornements accoutumés ou la somme de 1,200 livres.

Pendant son long épiscopat, Joseph-Amédée de Broglie publia un grand nombre de mandements et d'instructions pastorales. Dans l'un de ces mandements, donné en 1770, il prit à partie les philosophes de son temps dont il réfuta victorieusement les doctrines (5). Il mourut le 19 avril 1784, ayant occupé le siège d'Angoulême pendant plus de trente ans.

XXI. Philippe-François d'Albignac de Castelnau, nommé le 2 mai 1784, refusa de prêter le serment prescrit par le décret de l'Assemblée nationale du 27 novembre 1790, et se retira au Triadou, près Montpellier, d'où il ne cessa de protester contre tout ce qui se fit dans le diocèse d'Angoulême alors administré par l'évêque constitutionnel Pierre-Mathieu Joubert. Dans le cours de l'année 1791, on vit paraître de lui :

1º *Lettre de M. l'Evêque d'Angoulême à Messieurs les membres (électeurs) du département de la Haute-Charente;* — au Triadou, 4 février 1791; 16 p. in-8º.

2º *Lettre de M. l'Evêque d'Angoulême à M. Joubert, curé de la paroisse de Saint-Martin;* au Triadou, le 8 avril 1791; 16 p. in-8º.

(1—2—3—4) Archives de la Charente, Minutes de Deroullède, notaire à Angoulême.

(5) « *Mandement de Monseigneur l'évêque d'Angoulême sur l'avertissement de la dernière assemblée du clergé contre l'incrédulité* ». Poitiers, de l'imprimerie de Félix Faucon, 1770, in-12 de 120 pages, y compris *l'Avertissement du clergé de France aux fidèles du royaume.*

3° Ordonnance de M. l'Evêque d'Angoulême au sujet de l'élection, faite le 8 mars dernier, de M. Pierre-Mathieu Joubert, curé de Saint-Martin de la ville d'Angoulême, par Messieurs les électeurs du département de la Charente, en qualité d'évêque du dit département; au Triadou, le 12 avril 1791; 24 p. in-8°.

4° Instruction adressée par M. l'Evêque d'Angoulême aux curés, vicaires et autres ecclésiastiques de son diocèse, qui ont prêté le serment ordonné par l'Assemblée nationale; au Triadou, le 17 avril 1791; 40 p. in-8°.

5° Catéchisme pour le peuple, sur l'Eglise.

Au rétablissement du culte, il refusa de se soumettre au Concordat et il se réfugia en Angleterre où il mourut en 1814.

ARCHIDIACRES D'ANGOULÊME.

I. Frotier, archidiacre d'Angoulême, dont le *Gallia Christiana* ne parle pas, fait, de 920 à 953, un échange avec Foucaud, évêque d'Angoulême (1).

II. Chalon, que le *Gallia* ne mentionne pas après l'année 1175, souscrit comme archidiacre, en 1181, dans une charte de Pierre, évêque d'Angoulême (2).

III. Itier, qui souscrit en qualité d'archidiacre d'Angoulême, dans une charte de l'abbaye de Saint-Ausone de cette ville, datée de 1192, n'a pas été connu des auteurs dn *Gallia.*

IV. Arnaud, qui souscrit, en 1196, avec la qualité d'archidiacre, dans une charte de Jean, évêque d'Angoulême (3), et que l'on trouve encore dans une charte de l'abbaye de Saint-Amant-de-Boixe, de 1202, et dans une autre de l'évêché d'Angoulême, de 1206, n'a pas été connu des auteurs du *Gallia.*

(1) Archives de la Charente, Cartulaire de Saint-Cybard, charte 217.
(2) Cartulaire de l'Evêché d'Angoulême, aux archives de l'évêché, charte 214.
(3) Archives de la Charente, évêché d'Angoulême, Vars.

2

V. Gardrade, que le *Gallia* ne cite qu'à la date de 1212, d'après le *Liber feodorum* de l'évêché d'Angoulême, souscrit, en 1216, dans une charte de Guillaume, évêque d'Angoulême, portant notification d'un traité intervenu entre Seguin *de Concis* et Adémar, abbé de La Couronne (1). et scelle, en 1226, la charte par laquelle Hélie Robert de Lunesse fait don à l'abbaye de La Couronne, du mas de Pont-Breton et de Chabrefy (2).

VI. G., qui prend la qualité d'archidiacre d'Angoulême, dans une charte de la préceptorerie du Breuil-d'Archiac, de 1230 (3), n'a pas été connu des auteurs du *Gallia*.

VII. Etienne, que le *Gallia* ne cite qu'à la date de 1246, d'après une charte de l'abbaye de Bassac, est relaté en 1237, dans un traité intervenu entre un clerc et l'abbesse de Saint-Ausone (4) ; figure, le 18 août 1238, dans un autre traité passé entre Pierre, doyen d'Angoulême, et Itier, abbé de Saint-Cybard (5); scelle, en décembre 1255, la charte par laquelle Robert Thibaut et ses fils vendent à l'abbaye de La Couronne tous leurs droits sur la paroisse de Saint-Jean-de-la-Palud (6), et, le jeudi avant la Quintaine 1260, une quittance donnée aux religieux de La Couronne par Létice, veuve d'Aimeri de La Roche, et Aimeri de La Roche, son fils (7).

VIII. Thomas, que les auteurs du *Gallia* n'ont connu qu'à la date de février 1274, vidime, le 2 septembre 1276, un aveu rendu en 1243 à Robert, évêque d'Angoulême, par Guillaume de La Rochechandry (8); scelle, en août 1281, une charte de donation concédée à l'abbaye de Saint-Cybard par Guillaume Bouchard et Adélaïde, sa femme, paroissiens d'Echallat (9); souscrit, en décembre 1286, dans une charte du prieuré de Chazelles (10), et

---

(1) Archives de la Charente, abb. de La Couronne.
(2) Ibid., abb. de La Couronne, Chabrefy.
(3) Ibid., abb. de La Couronne, Breuil-d'Archiac.
(4) Ibid., abb. de Saint-Ausone.
(5) Ibid., abb. de Saint-Cybard.
(6) Ibid., abb. de La Couronne.
(7) Ibid., abb. de La Couronne.
(8) Ibid., évêché d'Angoulême.
(9) Ibid., abb. de Saint-Cybard.
(10) Ibid., évêché d'Angoulême.

scelle, le 14 août 1287, un aveu rendu à l'évêque d'Angoulême pour un fief relevant de son évêché (1).

IX. Foulques, que le *Gallia* ne cite pas avant 1292, scelle, le samedi après la St Jean-Baptiste (25 juin) 1288, l'aveu rendu à l'évêque d'Angoulême par Guillaume de Rochemeaux (2).

X. Pierre, qui scelle, comme archidiacre, le 12 mai 1306, l'aveu rendu à l'évêque d'Angoulême par Alcuin de Lisle, seigneur de Rocherault (3), n'a pas été connu des auteurs du *Gallia* et doit être inséré entre Foulques et le suivant.

XI. Ayquelin, que le *Gallia* ne mentionne pas avant le 2 février 1317, scelle comme archidiacre, le lundi avant la Nativité de Notre-Dame (7 sepembre) 1310, une charte d'Itier du Cluzeau (4), et figure à la date du vendredi après la Purification (3 février 1312, (n. s.) dans une charte du cartulaire de l'évêché d'Angoulême (5).

XII. Gaston, que le *Gallia* ne relate pas avant 1330 et qu'il donne pour successeur à Ayquelin, paraît avoir été revêtu de la dignité d'archidiacre en même temps que ce dernier. En effet, il scelle, comme archidiacre, les hommages rendus à l'évêque d'Angoulême : le lundi après la fête de Saint-Valentin (15 février) 1321, par Georges Cramail (6) ; — en 1328, par Petronille de Gouffier (7) ; — le 30 octobre 1329, par Guillaume de Villars (8).

XIII. Rorert, qui scelle en qualité d'archidiacre, le lundi avant la fête de Saint-Luc (17 octobre) 1335 (9), un acte entre particu-

---

(1) Archives de la Charente, évêché d'Angoulême.
(2) Ibid., évêché d'Angoulême.
(3) Ibid., évêché d'Angoulême, Roullet.
(4) Ibid.. évêché d'Angoulême.
(5) Archives de l'évêché d'Angoulême. — Le *Gallia* mentionne, en 1315, un autre archidiacre du nom d'Arnaud, ce qui donnerait à penser qu'il y eut, en ce temps, deux archidiacres à la fois. Cette hypothèse est confirmée par ce fait que, plus tard, on trouve aux dates de 1320, 1328, 1329, un archidiacre du nom de Gaston.
(6) Ibid., évêché d'Angoulême, Blanzac.
(7) Ibid.
(8) Ibid., évêché d'Angoulême, Vars.
(9) Ibid., abb. de Saint-Cybard, Nersac.

liers, n'a pas été connu des auteurs du *Gallia* et doit être plac
après Ayquelin ou Gaston.

XlV. Pierre, qui vidime comme archidiacre, le 22 avril 1339
un aveu rendu à l'évêque d'Angoulême en mars 1276, par Segui
de Conches (1), ne doit pas être le même que Pierre III, cité pa
le *Gallia* à la date du 1er mai 1369.

XV. — Pierre, que le *Gallia* ne cite qu'à la date 1369, d'aprè
une charte de l'abbaye de Bassac, est probablement le même qu
celui qui scelle, en 1362 et 1364, les aveux rendus à l'évêché d'An
goulême par Taillefer de Montauzier et Rainulfe de la Rivière, e
qui scelle encore, le mardi après la Pentecôte 1368, avec l
double qualité de cardinal et d'archidiacre, un autre aveu rendu
au même siège par Pierre de Villars (2).

XVI. Pierre des Arbres, que le *Gallia* ne mentionne qu'à l
date de janvier 1386, qui est celle de sa prise de possession
figure encore comme archidiacre dans des chartes de 1398 (3
et 1400 (4).

XVII. Arnaud de La Roche, que les auteurs du *Gallia* n'ont pas
connu, assiste le 8 février 1401 (n. s.) à la présentation d'un candidat à la cure de Jarnac (5); scelle, les 30 septembre 1402 et
13 février 1405, les aveux rendus à l'évêché d'Angoulême par
Hélie de Sainte-Hermine, comme mari de Petronille Gouffier, et
par Pons Geoffroy (6), et arrente, en mars 1435, des biens sis à
Juillac-le-Coq (7).

XVIII. Jean de Montbrun, qui rend à l'évêque d'Angoulême, le
31 juillet 1461, l'hommage qu'il lui devait à cause de son archidiaconé (8), et qui est mentionné aux assises de l'évêché en
avril 1463 et janvier 1469 (n. s.), n'a pas été connu des auteurs
du *Gallia*.

---

(1) Archives de la Charente, évêché d'Angoulême.
(2) Ibid., évêché d'Angoulême, Vars.
(3) Ibid., abb. de Saint-Cybard.
(4) Ibid., évêché d'Angoulême.
(5) Ibid., abb. de Saint-Cybard.
(6) Ibid., évêché d'Angoulême.
(7) Ibid., chapitre Saint-Pierre d'Angoulême.
(8) Ibid., évêché d'Angoulême.

XIX. GUILLAUME de Montbrun, qualifié archidiacre et frère germain de Guy de Montbrun, évêque de Condom et abbé de Saint-Cybard, dès le 1er janvier 1486 (n. s.), qui présente, le 20 juillet 1487, à la cure de Champmillon (1), et qui prend lui-même le titre d'abbé de Saint-Cybard avec celui d'archidiacre, dans des titres des 8 juin et 25 juillet 1492 et 26 août 1493 (2), n'a pas été connu des auteurs du *Gallia*.

XX. GEOFFROY de Montbrun, qui porte le titre d'archidiacre dans un titre du chapitre cathédral d'Angoulême daté du 29 décembre 1514, et qui est mentionné avec la même qualité dans une sentence du présidial d'Angoulême du 29 mai 1528, n'a pas été connu des auteurs du *Gallia*.

XXI. LOUIS du Tillet, dont le *Gallia* ne fait pas mention après 1551, fonde en l'église cathédrale d'Angoulême, le 16 avril 1556, une messe à célébrer annuellement le jour de Noël (3).

XXII. JEAN de Lesmery, que l'on trouve mentionné, le 11 janvier 1647, dans un titre du chapitre cathédral, avec la qualité d'archidiacre, ne paraît pas être le même que celui de même nom que le *Gallia* relate avec cette qualité, dès 1591.

XXIII. CLAUDE de Girard, qui n'a été connu des auteurs du *Gallia* qu'à la date de 1652, reçoit, le 20 mars 1659, une reconnaissance des Carmélites d'Angoulême, et figure encore avec la qualité d'archidiacre dans un titre de même provenance, du 13 mars 1662 (4).

XXIV. ANDRÉ de Nesmond, que le *Gallia* ne cite qu'à la date de 1663, qui est celle de sa prise de possession, s'intitule grand-archidiacre d'Angoulême en mars 1665, et porte encore ce titre le 10 janvier 1695 (5).

XXV. FRANÇOIS d'Osmont, que le *Gallia* ne conduit pas au-

---

(1) Archives de la Charente, abb. de Saint-Cybard.
(2) Ibid., abb. de Saint-Cybard.
(3) Ibid., chapitre Saint-Pierre, inventaire de J. Mesneau.
(4) Ibid., Carmélites d'Angoulême.
(5) Ibid., chapitre Saint-Pierre d'Angoulême, archidiaconé.

delà de 1700, porte encore la qualité d'archidiacre dans un bail à ferme consenti par lui et le chapitre cathédral, le 2 mai 1723 (1).

XXVI. Marc Gourdin de la Fuye, écuyer, prêtre, grand-archidiacre d'Angoulême, fait un bail à ferme, le 24 juin 1729 (2), et résigne son archidiaconé en faveur de Jean-François Coiffet, le 25 octobre 1756 (3).

XXVII. Jean-François Coiffet, prêtre du diocèse d'Arles, bachelier en théologie et vicaire général de l'évêque d'Angoulême, pourvu de l'archidiaconé d'Angoulême en vertu de la résignation faite à son profit, le 25 Octobre 1756, par Marc Gourdin de la Fuye, s'intitule grand-archidiacre et reçoit, le 28 décembre 1759, la mission d'aller réprésenter le chapitre d'Angoulême à l'assemblée générale du clergé convoquée à Bordeaux pour le 5 février suivant (4) ; il porte encore le titre d'archidiacre dans des actes des 25 janvier 1776 et 28 février 1777.

DOYENS D'ANGOULÊME.

I. Guillaume I, que le *Gallia* ne relate qu'à la date de 1226, assiste, le 15 avril 1216, à un jugement de Guillaume, évêque d'Angoulême, qui confirme l'abbé de La Couronne dans l'exemption dont il avait toujours joui, d'assister aux synodes épiscopaux (5), et figure dans une autre charte de l'évêché d'Angoulême datée de 1228.

II. P., qui succéda comme doyen à Guillaume I, et dont le *Gallia* ne fait aucune mention, notifie, en 1230, le don fait à l'abbaye de La Couronne par Adémar de Saint-André, chevalier

---

(1) Archives de la Charente, minutes de Deroullède, notaire à Angoulême.
(2) Ibid.
(3) Ibid.
(4) Ibid.
(5) Ibid., abbaye de La Couronne, prieuré de Saint-Jean-de-la-Palud.

d'Angoulême, de tous les droits qu'il pouvait avoir dans la paroisse de Saint-Jean-de-la-Palud (1), reconnaît, le 12 avant les calendes de septembre (20 août) 1238, que le chapitre Saint-Pierre n'a pas droit de procuration en l'abbaye de Saint-Cybard (2), et figure encore, en 1242 et 1245, dans des chartes de cette abbaye (3).

III. GUILLAUME III Brunetier, que le *Gallia* ne cite qu'aux dates de 1252 et 1253, est mentionné avec la qualité de doyen, dans des chartes de l'abbaye de Saint-Cybard, de 1249 et 1250 (4).

IV. PIERRE I Raymond, sur lequel les auteurs du *Gallia* n'ont eu de mémoires ni avant 1264 ni après la fête de St-Mathieu, 1269, scelle, la veille de l'Epiphanie (5 janvier) 1256, la charte par laquelle Guillaume Pierre, de Garat, et Pétronille, sa femme, Arsène de Meschin, femme de Pierre Dexmier, de Mornac, Arnaud et Pierre Meschin, fils de ladite dame, vendent à l'abbaye de Saint-Cybard une pièce de terre appelée le Vignaud de Pierre-Martin (5), figure dans des chartes de la même abbaye de 1257, 1259, 1261, 1262, 1264, scelle, en décembre 1270, la vente, entre particuliers, d'immeubles sis à Angoulême et relevant de l'évêché (6), souscrit, en avril 1271 ou 1272, dans une charte de l'abbaye de La Couronne, et scelle, le 16 des calendes de mars 1272 (14 février 1273), une autre charte de la même abbaye (7).

V. AIMERI Guilhot, dont les auteurs du *Gallia* ont ignoré le nom de famille et qu'ils n'ont connu que par l'hommage-lige qu'il rendit à Guillaume, évêque d'Angoulême, le 12 novembre 1273, pour raison du temporel de son doyenné, scelle, le samedi après l'Assomption (16 août) 1274, une charte de l'abbaye de Saint-Cybard (8), figure le 2 novembre 1874 dans un aveu rendu à

---

(1) Archives de la Charente.
(2) Ibid., abbaye de Saint-Cybard.
(3) Ibid.
(4) Ibid., cartul. de Saint-Cybard, charte 6.
(5) Ibid., cartul. de Saint-Cybard, charte 16.
(6) Ibid., évêché d'Angoulême.
(7) Ce doyen, qui se nomme tantôt Pierre, tantôt Raymond, tantôt Pierre Raymond, nous paraît être le personnage dont les auteurs du *Gallia* ont fait les deux évêques Pierre III et Raymond, que nous avons retranchés précédemment de la liste des évêques d'Angoulême.
(8) Archives de la Charente, abbaye de Saint-Cybard, Nersac.

l'évêché (1), et scelle encore comme doyen, le 22 avril 1275, une autre charte de l'abbaye de Saint-Cybard.

VI. Gérard de Javerlhac, que les auteurs du *Gallia* n'ont connu, comme le précédent, que par l'hommage qu'il rendit à l'évêque d'Angoulême, en 1275, en prenant possession de son doyenné, vidime, conjointement avec Thomas, archidiacre, et Séguin, écolâtre, le 2 septembre 1276, un aveu rendu à Raoul du Fou, évêque d'Angoulême, en août 1243 (2), scelle un autre aveu rendu à l'évêque, le 2 novembre 1278 (3), reçoit lui-même un aveu, la veille de la fête de St-André (29 novembre) 1280, porte encore la qualité de doyen dans des titres de 1285 (4) et 1290 (5), et scelle, le 3 février 1293 (n. s.), une charte d'Egidie, paroissienne de Saint-André d'Angoulême, en faveur de l'abbaye de Saint-Cybard (6).

La persistance de ce doyen pendant les années 1280 à 1293 exclut Pons de l'Isle, qui était doyen de Saintes et non d'Angoulême, en avril 1270 ou 1271 (7) et en 1283.

VII. Henri de Maschaut ou Machot, duquel le *Gallia* dit seulement qu'il succéda, en 1293, à Hélie de Maumont qui venait d'être déposé, rend hommage et prête serment de fidélité à l'évêque d'Angoulême, le 15 janvier 1294 (n. s.), renouvelle cet hommage le 17 décembre 1296 (8), et scelle des donations faites à l'abbaye de Saint-Cybard, les 9 septembre 1297 et 14 août 1298 (9).

VIII. Jean *de Layo,* duquel le *Gallia* se borne à dire qu'il succéda à Henri, décédé, et qui dut être élu peu après la Ste-Catherine (25 novembre) 1298, date à laquelle le doyenné est dit vacant, scelle : les 12 novembre 1300 et 21 avril 1302, des aveux rendus à l'évêché d'Angoulême (10) ; — le 5 décembre 1302, une

---

(1) Archives de la Charente, évêché d'Angoulême.
(2) Ibid., évêché d'Angoulême.
(3) Ibid.
(4) Ibid., abbaye de Saint-Cybard.
(5) Ibid.
(6) Ibid.
(7) Bibl. de Poitiers, mss. de D. Fonteneau.
(8) Archives de la Charente, évêché d'Angoulême.
(9 Ibid., abbaye de Saint-Cybard.
(10) Ibid., évêché d'Angoulême, Blanzac.

transaction entre Hélie de Vaure, damoiseau, et l'abbé de Saint-Cybard (1) ; — le 10 janvier 1307, une donation entre vifs faite par Renaud, Arnaud et Pierre du Cluzeau, paroissiens de Champniers, à Nicolas de Tirados, bourgeois d'Angoulême (2) ; — les 30 juin 1312 et 12 juin 1314, des aveux rendus à l'évêque d'Angoulême pour des fiefs tenus de son évêché (3).

IX. ARNAUD Léotard, que le *Gallia* mentionne pour la première fois, comme doyen, à la date du mardi avant la Pentecôte 1316, notifie, le 20 août 1315, une souffrance d'hommage accordée par l'abbé de Saint-Cybard, et scelle encore, le 14 août 1320, un hommage rendu à l'abbé de La Couronne pour des terres à Linars (4), bien qu'avant cette époque Bertrand, son successeur, prenne déjà le titre de doyen (5).

X. BERTRAND de Saint-Geniez, qui prend le titre de doyen dans une charte de l'abbaye de Saint-Ausone, du 4 mai 1319, rend, le 10 juin suivant, à Ayquelin, évêque d'Angoulême, l'hommage qu'il lui devait pour le temporel de son doyenné et qu'il avait refusé de lui rendre, ce qui avait motivé la main mise par ledit évêque sur ce temporel (6), et scelle des chartes de l'abbaye de Saint-Ausone, des années 1329, 1330 et 1333.

XI BERNARD, doyen d'Angoulême, que les auteurs du *Gallia* ne mentionnent pas, paraît dans une charte du mercredi après la fête de St-Antoine (18 janvier) 1334 (n. s.), dans d'autres des années 1343, 1344, 1346, et dans une de l'abbaye de Saint-Ausone, du 1er février 1348 (n. s.).

XII. ARNAUD, qui n'a pas été connu des auteurs du *Gallia*, transige, le mercredi des Cendres 1351 (n. s.), avec le seigneur du Fresne (7), scelle, le mardi après St-Barthélemi (25 août, 1363, l'aveu rendu à l'évêque d'Angoulême par Jean Vigier)

---

(1) Archives de la Charente, abbaye de Saint-Cybard.
(2) Ibid., Jacobins d'Angoulême.
(3) Ibid., évêché d'Angoulême.
(4) Ibid., abbaye de La Couronne, Linars.
(5) Ibid., abbaye de Saint-Ausone.
(6) Ibid., évêché d'Angoulême.
(7) Ibid., chapitre Saint-Pierre, Juillac-le-Coq.

damoiseau (1), et scelle encore, le dimanche de la Passion 1371 (n. s.), un autre aveu rendu par Hugues Bompard (2).

XIII. GALHARD, dont l'existence a été, comme celle des deux doyens précédents, ignorée des auteurs du *Gallia*, établit, d'accord avec son chapitre, le 10 janvier 1377 (n. s.) des commissaires sur la terre de Gourville, saisie faute d'hommage (3), et scelle, le jeudi après la Pentecôte 1381, l'aveu rendu à Jean, évêque d'Angoulême, par Robert *Celi*, comme mari de Pétronille d'Orfont (4).

XIV. AUBERT, inconnu des auteurs du *Gallia*, comme les doyens précédents, scelle, le 30 janvier 1393 (n. s.), un aveu rendu à l'abbé de La Couronne (5), et, le lundi après saint Ausone (23 mai ou 12 juin) 1397, un autre aveu rendu à l'évêque d'Angoulême par Robert *Celi*, comme mari de Pétronille d'Orfont, pour des terres relevant de la tour de la Payne (6), et figure encore, le 2 mars 1398, dans un titre du fief de Forges, relevant de l'abbaye de La Couronne (7).

XV. ARCHAMBAUD de Vau, que le *Gallia* ne cite que d'après l'hommage qu'il rendit, le 27 avril 1408, à Guillaume, évêque d'Angoulême, pour raison de son doyenné, reçoit lui-même, le 18 avril 1410, l'hommage qui lui était dû par Guillaume Juyze, pour le fief du Fresne (8).

XVI. JEAN II Gervais, que le *Gallia* ne relate pas avant le 23 avril 1438, assiste, en mars 1436, à une délibération du chapitre (9).

XVII. BERTRAND, qui vidime une charte en qualité de doyen, le 23 janvier 1445 (n. s.), n'a pas été connu des auteurs du *Gallia* qui prolongent le décanat de Jean Gervais jusqu'en 1459.

---

(1) Archives de la Charente, évêché d'Angoulême.
(2) Ibid., évêché d'Angoulême, Vœuil.
(3) Ibid., chapitre Saint-Pierre.
(4) Ibid., évêché d'Angoulême.
(5) Ibid., abbaye de La Couronne.
(6) Ibid., évêché, baronnie de La Payne, à Angoulême.
(7) Ibid., abbaye de La Couronne, fief de Forges.
(8) Ibid., chapitre Saint-Pierre, Juillac-le-Coq.
(9) Ibid.

XVIII. Thomas du Clion, doyen d'Angoulême et archidiacre de Saintes, que les auteurs du *Gallia* appellent à tort Thomas du Lion et sur l'époque duquel ils ont commis une erreur d'un siècle, en le plaçant après Bertrand de Saint-Geniez, reçoit, le 27 septembre 1461, l'aveu du fief du Fresne (1), assiste, le 12 mai 1465, à une délibération de son chapitre (2), et figure, les 26 avril 1463 et 10 janvier 1469 (n. s.), aux assises de l'évêché d'Angoulême (3).

XIX. Antoine de Pompadour, évêque de Condom et doyen d'Angoulême, que le *Gallia* ne mentionne pas en cette dernière qualité, avant le 18 janvier 1493, assiste comme doyen, le 24 février 1486 (n. s.), à une délibération de son chapitre (4), et nomme à la cure de Saint-Yrieix, le 13 septembre 1491.

XX. Jacques de Saint-Gelays, évêque d'Uzès et doyen d'Angoulême, que les auteurs du *Gallia* ne mentionnent pas avec cette seconde dignité, avant 1525, accorde une souffrance d'hommage, le 24 juin 1498. pour des terres relevant de son doyenné (5), assiste, le 24 juin 1498, à une délibération de son chapitre (6), scelle, le 12 février 1501 (n. s.), une charte relative au fief de Saint-Médard d'Auge, relevant du chapitre Saint-Pierre, et ne cesse de porter le titre de doyen jusqu'à l'année 1539. Il faut donc retrancher de la liste des doyens Robert de Pompadour, que le *Gallia* fait mourir en 1502, revêtu de la dignité décanale.

XXI. François de Saint-Gelays, abbé commendataire de Bourg-sur-Mer, que le *Gallia* ne cite pas comme doyen après 1557, était encore en possession de cette dignité le 11 mai 1559, époque à laquelle il accorde une souffrance d'hommage à Jacques Dubois, chevalier, seigneur du fief du Fresne relevant féodalement du doyenné (7).

XXII. Urbain de Saint-Gelays, que les auteurs du *Gallia* placent, sans indiquer une seule date, entre Jacques et François

(1) Archives de la Charente, chapitre Saint-Pierre, Juillac-le-Coq.
(2) Ibid.
(3) Ibid., évêché d'Angoulême.
(4) Ibid., chapitre Saint-Pierre, Juillac-le-Coq.
(5) Ibid.
(6) Ibid.
(7) Ibid.

de Saint-Gelays, est relaté, le 2 août 1566, dans une sentence du présidial d'Angoulême, et doit être inséré entre Martin Caveau et François de Rochechouart.

XXIII. FRANÇOIS de Rochechouart, que le *Gallia* ne cite qu'à la date de 1584, est dit abbé de Saint-Lo et doyen du chapitre d'Angoulême, dans des actes capitulaires de 1588, 1589 et 1594.

XXIV. JEAN Castain de Guérin, fils d'une nièce de Jean Mesneau, devint doyen par résignation de son oncle en sa faveur. Toutefois, cette transmission ne se fit pas sans difficulté. A la mort de Jean Mesneau (arrivée en 1660 et non en 1669, comme l'affirme le *Gallia*, par suite d'une mauvaise lecture de l'épitaphe de ce doyen), Gervais-Emmanuel de Mauléon s'attribua le titre vacant et prétendit s'opposer à la prise de possession du doyenné par Jean Castain (1).

XXV. JEAN de Rochechouart, qui prend le titre de doyen dans une délibération capitulaire du 18 mars 1694 (2), n'a pas été connu des auteurs du *Gallia,* d'après lesquels Joseph du Verdier, élu en 1669, aurait conservé le doyenné jusqu'en 1718.

XXVI. FRANÇOIS du Verdier, écuyer, prêtre, docteur en droit civil et canon, seigneur des Courades, Narmont et Péranges, prend la qualité de doyen dans un acte de vente consenti par lui le 20 juillet 1733 (3). Devenu évêque d'Angoulême en 1738, il conserva le doyenné jusqu'au 23 septembre 1743, époque à laquelle il le résigna en faveur du suivant (4).

XXVII. PIERRE-JOSEPH Barreau de Girac, pourvu du doyenné sur la résignation faite en sa faveur par François du Verdier, le 23 septembre 1743, le résigne lui-même, le 30 juin 1756, en faveur de Jean Barreau, prêtre du diocèse de Paris, son neveu (5).

XXVIII. JEAN Barreau, pourvu du doyenné en vertu de la résignation faite à son profit par Pierre-Joseph, son oncle, le 30 juin

---

(1) Archives de la Charente, minutes de Delachèze, notaire royal à Angoulême. — L'acte d'opposition est du 3 avril 1660.
(2) Ibid., chapitre Saint-Pierre, Asnières.
(3) Ibid., minutes de Deroullède, notaire royal à Angoulême.
(4) Ibid.
(5) Ibid.

1756, le résigne, à une époque inconnue, en faveur de François Barreau, son neveu.

XXIX. N... de la Laurencie de Charras, chanoine de Blanzac, est qualifié doyen et vicaire général capitulaire, dans un acte du 31 avril 1784 (1).

ABBAYES DU DIOCÈSE D'ANGOULÊME (2).

Les abbayes du diocèse d'Angoulême, d'après le *Gallia Christiana,* sont au nombre de huit, savoir :

Saint-Cybard, *Sanctus Eparchius, O. S. B.*
Saint-Amand-de-Boixe, *S. Amantius de Buxia, O. S. B.*
Saint-Ausone, *S. Ausonius,* femmes, *O. S. B.*
La Couronne, *B. M. de Corona, O. S. A.*
Cellefrouin, *Cella Fruini, O. S. A.*
Grosbost, *B. M. de Grosso-Bosco, O. Cist.*
Bournet, *B. M. de Borneto, O. Cist.*
Blanzac, *S. Artemius de Blanziaco, eccl. secul.*

SAINT-CYBARD.

(Gall. Christ., II, col. 1030).

I. SEGUIN, qui reçoit, le 28 avril 1159, en qualité d'abbé de Saint-Cybard, une bulle du pape Adrien IV (3), n'a pas été connu des auteurs du *Gallia Christiana.*

---

(1) Archives de la Charente, abb. de Saint-Cybard.
(2) Les abréviations *O. S. B., O. S. A., O. Cist.,* signifient: *Ordre de St-Benoît, Ordre de St-Augustin, Ordre de Cîteaux.*
(3) Ibid., abb. de Saint-Cybard.

II. ADÉMAR, que le *Gallia* ne mentionne pas avant 1224, fait en novembre 1220, du consentement de ses religieux, un accord avec les prieur. et chanoines du Peyrat (1), et reçoit, en 1123, un don de Pierre de l'Orme (2).

III. HÉLIE, qui est en litige, en 1229, devant Jean, évêque d'Angoulême, au sujet des droits de son abbaye (3), n'a pas été connu des auteurs du *Gallia*.

IV. ITIER, qui vidime, en mai 1238, conjointement avec Arnaud, abbé de Saint-Amand-de-Boixe, une charte de Jean, évêque d'Angoulême (4), a été inconnu des mêmes auteurs.

V. ROBERT, dont le *Gallia* ne relate pas d'actes après 1265, vend, le 7 janvier 1271, à un clerc du prieuré de Beaulieu, une maison sise près du pont de Basseau (5), et fait, le mardi de Pâques 1274, pour le compte de son abbaye, l'acquisition d'une partie de la forêt de Vesnat (6).

VI. HÉLIE Charel, que le *Gallia* mentionne comme abbé dès 1271, était, à cette époque, et encore en 1273, prieur de Champmillon (7), et encore en 1277, chapelain de Verdille (8). En 1290, il reçoit, comme abbé de Saint-Cybard, une donation d'Itier de Châtre (9), et figure jusqu'en 1323 dans les titres de l'abbaye.

VII. AIMERI de Roffignac, qui reçoit, comme abbé de Saint-Cybard. une constitution de rente, le mardi après la fête de Saint-Cybard (3 juillet) 1330 (10), qui notifie, le 24 mars 1336, une vente entre particuliers (11), et qui est dit ancien abbé de Saint-Cybard,

---

(1) Archives de la Charente, abb. de Saint-Cybard.
(2) Ibid.
(3) Ibid.
(4) Ibid.
(5) Ibid.
(6) Ibid.
(7) Ibid.
(8) Ibid.
(9) Ibid.
(10) lbid.
(11) Ibid.

dans une charte de 1342 (1), n'a pas été connu des auteurs du *Gallia* et doit être substitué à Aimeri Calhon, qui fut son successeur.

VIII. Aimeri Calhon, ancien prieur du prieuré du Cercle, au diocèse de Périgueux, est reconnu en qualité d'abbé de Saint-Cybard, en remplacement d'Aimeri de Roffignac, le mercredi avant Saint-Jean-Baptiste 1342 (2), et figure dans des chartes de l'abbaye, des années 1343, 1345, 1346 et 1348, et peut-être jusqu'en 1361.

IX. Bertrand Calhon, dont le *Gallia* ne donne pas le nom de famille, et qu'il ne cite qu'à la date de 1362, avait été prieur de Palluaud. On le trouve, avec la qualité d'abbé de Saint-Cybard, dans des chartes de cette abbaye, des années 1361, 1364, 1366, 1367, 1369, du vendredi avant Sainte-Madeleine 1376, et du 3 janvier 1380 (n. s.).

X. Hélie, que les auteurs du *Gallia* n'ont pas connu, scelle une charte en faveur de son abbaye, le 5 janvier 1387 (n. s.), vend, le 14 août 1392, le quart des dîmes de Champmillon, reçoit une fondation dans son abbaye, le 20 avril 1398, et afferme, le 28 août 1400, les moulins de Nersac, dépendant de son abbaye.

XI. Boniface, que le *Gallia* ne relate qu'à la date de 1413, renouvelle, comme abbé de Saint-Cybard, le 21 janvier 1402 (n. s.), un bail à cens fait par Hélie, son prédécesseur (3), et fait lui-même un bail le 13 mars 1408 (4).

XII. Foucher, dont le *Gallia* ne cite que le nom, aux dates, de 1416 et 1421, nomme au prieuré de Chavenat, le 25 mai 1425 (5), scelle, le 15 novembre 1436, le testament de Raymond des Champs, chambrier de Saint-Cybard (6), reçoit, le 22 juin 1438, une remise d'arrérages pour une rente due par cette abbaye (7), et confère,

---

(1) Archives de la Charente, abb. de Saint-Cybard.
(2) Ibid.
(3) Ibid.
(4) Ibid., abb. de Saint-Cybard, Saint-Yrieix.
(5) Ibid., abb. de Saint-Cybard.
(6) Ibid.
(7) Ibid.

le 27 août 1440, l'église paroissiale de Saint-Ausone d'Angoulême (1).

XIII. RAYMOND Pellejau (*Pellegalli*), que le *Gallia* appelle Pellerau, dont il place l'élection en 1447 et qu'il ne cite pas après 1471, se qualifie abbé de Saint-Cybard dans des titres de cette abbaye datés des 11 mars 1444 et 8 septembre 1446, figure en cette qualité dans une transaction relative au prieuré de Saint-Cybardeaux, le 24 avril 1475 (2), donne quittance de lods et ventes le 23 mai 1476, et fait encore un bail le 1er septembre de la même année (3).

XIV. GUY de Montbrun, dont le *Gallia* ne parle pas, s'intitule abbé commendataire de Saint-Cybard et de Saint-Amant-de-Boixe et évêque de Condom, le 14 novembre 1476 (4), reçoit, comme abbé de Saint-Cybard, le 8 janvier 1477 (n. s), l'hommage de Jean de Roffignac, écuyer, à cause de la terre de Gourville (5), est représenté dans des actes des 17 septembre et 7 décembre 1477, par Raymond, son vicaire perpétuel, fait un bail en son propre nom, le 18 janvier 1480 (n. s.), et confère le prieuré de Saint-Cybardeaux, le 1er janvier 1485.

XV. HUGUES Gastreuil, que le *Gallia* mentionne comme abbé en 1480, et qui transige en cette qualité, le 24 juin 1487 (6), n'était, en 1480, et peut-être aussi en 1487, que le vicaire perpétuel de Guy ou de Guillaume de Montbrun.

XVI. GUILLAUME de Montbrun, dont le *Gallia* ne cite pas d'actes avant 1502, présente, le 20 juillet 1487, un candidat à la cure de Champmillon (7), confère, le 9 septembre 1496, le prieuré de Thairé, dépendant de l'abbaye de Saint-Cybard, et figure dans des

---

(1) Archives de la Charente, abb. de Saint-Cybard.
(2) Ibid.
(3) Ibid.
(4) Ibid.
(5) Ibid., abb. de Saint-Cybard, prieuré de Gourville.
(6) Ibid., Inventaire de Jean Mesneau, n° 772.
(7) Ibid., abb. de Saint-Cybard. Le même jour, Jacques, humble abbé de Saint-Cybard, présente un autre candidat à la même cure. Nous sommes, sans nul doute, en présence d'une compétition entre l'abbé commendataire, pourvu par le Roi, et l'abbé régulier, élu par les moines.

titres de l'abbaye des 26 août 1493 et 13 novembre 1499. Il est dit *traditus sepulturæ*, le 13 novembre 1500, dans le procès-verbal de l'assemblée capitulaire tenue pour son remplacement (1). Peut-être eut-il pour successeur, comme abbé de Saint-Cybard, Geoffroy de Montbrun, qui le remplaça comme archidiacre, auquel cas ce Geoffroy serait l'abbé que le *Gallia* cite sous le nom de Guillaume, à la date de 1502.

XVII. CHARLES de Livenne, abbé commendataire, laissa l'administration de son monastère à des vicaires qui prirent, concurremment avec lui, le titre d'abbé. Tels sont : Pierre de Livenne, qui reçoit, comme abbé, le 12 janvier 1525 (n. s.), notification de l'arrêt du Parlement pour la réforme de l'abbaye ; — Raymond, qui fait, en la même qualité, un bail à cens, le 6 décembre 1535. Contrairement à l'affirmation du *Gallia* qui prolonge son abbatiat jusqu'en 1539, il avait cessé d'être abbé avant le 4 mars 1536, date des bulles qui conférèrent l'abbaye à François de Livenne (2).

XVIII. FRANÇOIS de Livenne, duquel le *Gallia* dit seulement qu'il était abbé de Sainte-Croix d'Angles en 1559, et qui fut pourvu de l'abbaye de Saint-Cybard le 4 mars 1536, avait obtenu le grade de docteur devant la Faculté de Poitiers, le 11 mars 1525 (n. s.). Il figure constamment comme abbé, dans les titres de l'abbaye de Saint-Cybard, jusqu'au 15 janvier 1567 (n. s.), époque à laquelle il reçoit l'hommage du fief de Villars (3).

XIX. GABRIEL de Livenne, duquel le *Gallia* se borne à dire qu'il était abbé en 1578, lors du pillage de l'abbaye par les hérétiques, reçoit, comme abbé, le 31 juillet 1567, l'hommage du fief de Deux-Puits (4), et arrente, le 28 décembre 1586, un courant d'eau sur la Charente (5).

XX. CHARLES Bouchard d'Aubeterre, abbé commendataire de Saint-Cybard, ne pouvant résider dans cette abbaye « à cause de la calamité », en confie l'administration à un vicaire perpétuel,

(1) Archives de la Charente, abb. de Saint-Cybard.
(2) Ibid.
(3) Ibid.
(4) Ibid.
(5) Ibid.

4

par acte du 2 janvier 1592 (1), et fait des baux à ferme le 11 novembre de la même année (2).

XXI. ALBERT de Bellièvre, docteur en théologie, abbé commendataire de Saint-Cybard, qui institue, le 21 mars 1599, le frère Gilles son vicaire général et spécial, n'a pas été connu des auteurs du *Gallia*.

XXII. CLAUDE de Bellièvre, archevêque de Lyon et abbé commendataire de Saint-Cybard, dont le *Gallia* ne parle pas, institue, le 5 janvier 1607, son vicaire général et spécial, Charles Arnaud, infirmier de l'abbaye, reçoit le 8 octobre 1609, l'hommage de Gabriel Houlier, à cause du fief de la Pouyade, et reçoit encore du Roi, le 5 février 1610, l'autorisation de faire rechercher des titres intéressant le temporel de son abbaye (3).

XXIII. CHRISTOPHE de Reffuge, que le *Gallia* mentionne sans indiquer la date d'un seul de ses actes, reçoit, le 27 août 1614, l'hommage de Jean Raymond, écuyer (4), et fait acte d'abbé jusqu'au 11 novembre 1638.

XXIV. HENRI de Reffuge, que le *Gallia* ne mentionne pas, reçoit du Roi, le 17 novembre 1640, des lettres de garde-gardienne, et fait acte d'abbé en 1667 et 1677.

XXV. JACQUES-JOSEPH de Dreux de Nancré, que le *Gallia* ne cite qu'à la date de 1688, donne quittance, en qualité d'abbé, le 15 janvier 1731.

XXVI. FRANÇOIS du Verdier, évêque d'Angoulême, prit possession de l'abbaye de Saint-Cybard, le 16 juin 1747, et la conserva jusqu'à sa mort, arrivée en octobre 1753.

XXVII. FRANÇOIS Delpy de Saint-Geyrac fut pourvu de l'abbaye de Saint-Cybard, devenue vacante par la mort de François du Verdier, par bulles du 27 mars 1754.

(1) Archives de la Charente, abb. de Saint-Cybard.
(2) Ibid.
(3) Ibid.
(4) Ibid., E, 420.

SAINT-AMAND-DE-BOIXE

(Gall. Christ., II, col. 1035.)

I. PIERRE II Titimund ou Litimund, de Sonneville, que le *Gallia* ne mentionne pas avant 1153, est témoin, en 1150, dans une charte du prieuré d'Agudelle (1).

II. PIERRE III Titimund ou Litimund, de Sonneville, dont le *Gallia* ne cite pas d'actes après 1197, assiste, en 1200, à la confirmation d'un traité entre Jean, évêque d'Angoulême, d'une part, Guichard de Vars et les Tizons, ses neveux, d'autre part (2).

III. ARNAUD, dont le *Gallia* ne fait mémoire qu'aux dates de 1215 et 1226, vidime, conjointement avec Itier, abbé de Saint-Cybard, en mai 1238, une charte de Guillaume, évêque d'Angoulême (3).

IV. HUGUES, que le *Gallia* ne cite qu'à l'occasion d'un traité qu'il conclut, en 1249, avec Geoffroy de Lusignan, et par la mention qui est faite de lui dans un titre de 1251, assiste, le 10 juin 1247, à la vente faite à Robert, évêque d'Angoulême, par Pierre de Villiers et Jourdaine, sa femme, de la moitié de la prévôté de Faye (4), et scelle, le samedi avant la fête de St-Thomas, apôtre (17 décembre) 1256, une donation entre vifs faite par Guillaume Dupont, bourgeois d'Angoulême, à Itier et Guillaume de Dignac (5).

V. HÉLIE, que le *Gallia* ne relate qu'à la date de 1274, qui est celle de sa consécration, vidime, le samedi après la fête de St-Mathieu, apôtre (28 septembre) 1280, un traité conclu entre l'évêque d'Angoulême et les seigneurs de Valence et de Montignac, au sujet de la justice de Vars et Marsac (6).

VI. BENOIT de Ladouville, abbé de Saint-Amand, dont le *Gallia* ne fait aucune mention, conclut, le mardi avant l'Ascen-

---

(1) Archives de la Charente, abb. de La Couronne, Agudelle.
(2) Ibid., évêché d'Angoulême, Vars.
(3) Ibid., évêché d'Angoulême.
(4) Ibid.
(5) Ibid., abb. de La Couronne, fonds de *Longo sepe.*
(6) Ibid., évêché d'Angoulême, Vars.

sion (12 mai) 1349, comme vicaire général d'Ayquelin, évêque d'Angoulême, avec Hugues de Forges, chevalier, et Geoffroy Seguin, damoiseau, un traité aux termes duquel ceux-ci s'engagent à occuper et garder le château de La Rochechandry, avec une garnison de six hommes d'armes et quatorze vassaux, *cum sex armatis et quatuordecim clientibus* (1).

VII. JEAN, abbé de Saint-Amand, qui est mentionné en « certain acte en parchemin et signé, du 12 avril 1445, portant que le Révérend abbé de Saint-Cybard, (le dit Jean) et Heslies, abbé de Cellefrouin, et plusieurs autres bénéficiers dudict diocèse, ont désavoué la procédure du doyen et chappitre d'Angoulême » (2), n'a pas été connu des auteurs du *Gallia*, s'il n'est le même que Jean I qu'ils ne citent qu'à la date de 1415.

VIII. JEAN, duquel les auteurs du *Gallia* se bornent à dire qu'il mourut en 1472 et qu'il fut le dernier abbé régulier de Saint-Amand, est mentionné en cette qualité, le 21 mars 1464 (n. s.), dans une charte de l'évêché d'Angoulême.

IX. ANTOINE de Cognet de Marclopt, qui donne procuration, le 26 mars 1721, pour passer un bail (3), n'a pu être connu des auteurs du *Gallia*, qui se sont arrêtés à 1701.

X. ANDRÉ de Saluces, écuyer, qui fait des actes, comme abbé de Saint-Amand, les 7 janvier 1739, 17 avril et 5 octobre 1749 (4), n'a pu, de même que le précédent, être mentionné par le *Gallia*.

SAINT-AUSONE.

(Gall. Christ., II, col. 1039).

I. AGNÈS de Chambes, que les auteurs du *Gallia* ne citent pas après 1250, époque à laquelle elle fit un traité avec Robert, abbé de Saint-Cybard, reçoit, en septembre 1252, un droit de lods et

(1) Archives de la Charente, évêché d'Angoulême, La Rochechandry.
(2) Ibid, inventaire de Jean Mesneau, n° 1179.
(3) Ibid., E. 309.
(4) Ibid., minutes de Deroullède, notaire à Angoulême.

ventes pour des héritages relevant de son abbaye (1), traite, le 31 octobre 1256, avec des particuliers qui disputaient à cette abbaye la jouissance de certains héritages (2), et fait une acquisition, au nom du chapitre de son monastère, le vendredi après la fête de St-Thomas (23 décembre) 1261 (3).

II. GUILLEMETTE de Villars, qui succéda sans intermédiaire à Agnès de Chambes et non à Marguerite *de Luxo*, et que le *Gallia* ne relate pas après 1284, reçoit, le 12 mars 1286 un droit de lods et ventes pour des héritages situés dans la paroisse de Champniers et relevant de son abbaye (4), et fait, le 8 novembre 1287, l'acquisition de divers droits.

III. PÉTRONILLE Calhe, que le *Gallia* fait siéger dès 1324, ne dut être élue qu'après le 6 mai 1325, époque à laquelle Isabelle de Fougères, prieure, gouvernait l'abbaye, le siège étant vacant (5).

IV. BARTHOLMINE Geoffroy de Saint-Amand-de-Boixe, que le *Gallia* ne mentionne pas après 1367, fait encore des actes en qualité d'abbesse, les 1er mai 1370 et 17 octobre 1371 (6).

V. AUDE, dont le *Gallia* ne cite pas d'actes après 1383, est encore mentionnée avec le titre d'abbesse de Saint-Ausone dans une charte de cette abbaye, du 13 décembre 1387.

VI. AGNÈS de Montferrant, de laquelle le *Gallia* dit qu'elle fut abbesse jusqu'en 1448, époque à laquelle elle aurait été remplacée par Marguerite de Ragos, fait encore des actes comme abbesse, les 6 mars 1451 (n. s.), 14 février, 2 et 8 août 1452 (7).

---

(1) Archives de la Charente, abb. de Saint-Ausone.
(2) Ibid.
(3) Ibid.
(4) Ibid
(5) Ibid.
(6) Ibid.
(7) Il est probable que cette abbesse n'a jamais existé, et que le nom que lui ont donné les Bénédictins est le résultat d'une mauvaise lecture, *de Ragos* pour *de Aagüs*. Marguerite des Ages fut, en effet, abbesse, en 1453.

VII. MARGUERITE de Gaing, que le *Gallia* ne relate pas avant 1461 et dont il prolonge l'abbatiat jusqu'en 1490, fait acte d'abbesse dans des chartes de l'abbaye de Saint-Ausone, datées des 27 octobre 1455, 23 juin 1456 et 5 avril 1458.

VIII. MARGUERITE *de Luxo*, que le *Gallia* place en 1260, époque à laquelle le siège abbatial était occupé par Agnès de Chambes, arrente, du consentement de Catherine de Sauzé, prieure claustrale, Robert (de Luxembourg) étant évêque d'Angoulême (1479-1493), à Hélie Maumonnier, bachelier ès-lois, bourgeois d'Angoulême, une place, avec une cave voûtée au-dessous, sise au faubourg Saint-Ausone (1).

IX. MARGUERITE de Gaing, seconde du nom, dont le *Gallia* n'a pas parlé, arrente, le 21 mars 1493 (n. s.), du consentement de Catherine de Sauzé, prieure claustrale, et des autres religieuses de son monastère, dix journaux de terre au lieu dit Les Varaignes, paroisse de Champniers (2), et confère, le 24 janvier 1476 (n. s.), à Hélie Raon, clerc du diocèse de Saintes, la chapellenie de N.-D. de Pitié, en l'église de Saint-Ausone, devenue vacante par la mort de Jean de Thoyon, dernier chapelain (3). Il faut probablement supprimer Pétronille de Gaing, que le *Gallia* place en 1490 et qu'il fait résigner, de gré ou de force, cette même année, en faveur de la suivante.

X. MADELEINE d'Orléans, fille de Charles d'Orléans, comte d'Angoulême, que le *Gallia* fait appeler au gouvernement de l'abbaye de Saint-Ausone en 1490 ou 1505, fut élue abbesse de ce monastère après 1490, puisque Marguerite de Gaing gouvernait encore le 24 janvier 1595, et avant 1505, puisque, le 22 mai 1497, « Magdalenne d'Orléans, moderne abbesse du monastère et abbaye de Sainct-Ozony les Engolesme, Katherine de Sauzet, prieure, Bernarde de la Marche, secrestaire, Annette Davignote, chantre, Izabeau Géraude, Estiennette Grassignonne, Jehanne du Bois, Françoise

(1) La mention faite dans cette pièce, qui n'est pas datée, de la prieure Catherine de Sauzé, que nous trouvons dans des chartes de 1492 et 1493, nous fait placer l'abbesse Marguerite *de Luxo* sous l'épiscopat de Robert de Luxembourg et non sous celui de Robert I ou de Robert III de Montbron.
(2) Archives de la Charente, abbaye de Saint-Ausone.
(3) Ibid.

de Montbrun et Marguerite Chauvète », religieuses dudit monastère, reçoivent un droit de lods et ventes pour des héritages situés dans leur mouvance (1).

XI. Renée Guibert, dont le *Gallia* ne cite pas d'actes après 1528, obtient, en 1529, du pape Clément VII, une bulle portant union à son abbaye des cures de Nontron et de Grassac (2).

XII. Marie Paulinier (et non Paulmier), de laquelle le *Gallia* dit qu'elle cessa d'être abbesse le 3 juin 1556, obtient du Roi, le 26 avril 1566, des lettres enjoignant aux tenanciers de l'abbaye de lui payer les dîmes et cens qui lui sont dus (3).

XIII. Barbe de Saint-Gelays, de laquelle les auteurs du *Gallia* disent qu'elle était abbesse en 1584 et peut-être longtemps auparavant (4), arrente, le 4 juillet 1559, en qualité d'abbesse, et du consentement de Marie Paulinier, Marie Chevrier, prieure claustrale, et des autres religieuses de son monastère, à maître Nicole Itier, sieur de la Boissière, deux journaux et demi de terre labourable au lieu dit Les Versaines (5), et présente, le 16 mai 1573, un candidat à la cure de Bessé, diocèse de Poitiers.

XIV. Françoise-Gabrielle d'Orléans de Rothelin, que le *Gallia* ne conduit pas au-delà de 1711, plaide devant le présidial d'Angoumois le 8 août 1721 (6) et reçoit une reconnaissance de créance du sieur de Mesnadeau, le 24 septembre 1747 (7).

---

(1) Archives de la Charente, abb. de Saint-Ausone.

(2) Ibid.

(3) Ibid.

(4) A l'appui de cette opinion, ces auteurs citent, en note, une donation qui aurait été faite, en 1539, par Jacques de Saint-Gelays, évêque d'Uzès, à l'abbaye de Saint-Ausone, à la considération de Barbe de Saint-Gelays, « *in favorem Barbaræ de S. Gelais, abbatissæ.* » Si l'authenticité de ce document était établie, il faudrait admettre que Barbe de Saint-Gelays a été abbesse deux fois, ainsi que Marie Paulinier. Mais ce qu'il faut signaler ici, c'est que, dans l'acte du 4 juillet 1559, Marie Paulinier, qui n'est plus abbesse, est nommée avant Barbe de Saint-Gelays, et que, douze ans plus tard, la même Marie Paulinier, « naguère abbesse», présente encore un candidat à l'évêque de Poitiers, pour la cure de Bessé, relevant de l'abbaye de Saint-Ausone.

(5) Archives de la Charente, abb. de Saint-Ausone.

(6) Ibid.

(7) Ibid.

XV. Jeanne de Pérusse des Cars, dont le *Gallia* n'a pas pu parler, fait un contrat le 16 septembre 1756 (1) et présente un candidat pour le prieuré de Saint-Martial de La Vallette, diocèse de Limoges, le 12 juillet 1757 (2).

XVI. Marie-Françoise de Durfort de Civrac reçoit comme abbesse, le 3 novembre 1759, une reconnaissance de rente (3), est mise en possession, le 26 juillet 1763, de la dot de demoiselle Anne Mongin de la Buzinie, entrant dans son monastère en qualité de novice (4), et fait encore acte d'abbesse le 2 avril 1785.

N.-D. de La Couronne.

(Gall. Christ., II, col. 1034).

I. Géraud, qui, d'après le *Gallia Christiana*, aurait été abbé de La Couronne dès 1175 et serait mort en 1182, n'était pas élu en 1181, époque à laquelle Jean, son prédécesseur, reçoit d'Hélie de Lisle, seigneur du Fa de Sireuil, une part de l'écluse et des moulins du dit lieu (5). Il reçoit, en 1183, du même Jean, devenu évêque d'Angoulême, la confirmation de la donation précédente (6), et c'est encore entre ses mains qu'en 1189 et 1191, des donations sont faites au prieuré de Puyfoucaud, membre dépendant de son abbaye, par Hélie Rigaud, chevalier de Montmoreau, par Pierre de La Chapelle, prêtre, et autres (7).

II. Pierre Geoffroy, que le *Gallia* fait siéger dès 1184, ne paraît pas dans les chartes avant 1192, époque à laquelle il reçoit d'Adélaïde de Lisle, le don de tous les droits qu'elle, Guillaume Girard, son mari, et Arnaud Girard, son fils, pouvaient avoir sur l'écluse de Sireuil (8).

---

(1) Archives de la Charente, minutes de Jeheu, notaire à Angoulême.
(2) Ibid., abb. de Saint-Ausone.
(3) Ibid., minutes de Jeheu, notaire à Angoulême.
(4) Ibid., abb. de Saint-Ausone.
(5) Ibid., abb. de La Couronne, Agudelle.
(6) Ibid.
(7) Ibid., abb. de La Couronne, prieuré de Puyfoucaud.
(8) Ibid., abb. de La Couronne, prieuré de Sireuil.

III. Robert, que le *Gallia* mentionne pour la première fois, comme abbé de La Couronne, à la date de 1199, paraît en 1197, avec cette qualité, dans deux chartes de l'abbaye de La Couronne, et en 1198 dans une autre charte du même fonds. On le trouve encore en 1207 et 1209, dans des chartes des prieurés de Saint-Martin de Niort et de Puyfoucaud, membres dépendants de l'abbaye de La Couronne (1).

IV. Bernard, abbé de La Couronne, qui donne à cette abbaye, en 1220, conjointement avec Guillaume Roy, Pétronille Roy et Odearde Roy, tous les droits qu'il avait avec eux sur la terre appelée la terre à la Reine *(Alarreina)* (2), n'a pas été connu des auteurs du *Gallia* et doit être inséré entre Adémar et Vital.

V. Hélie, que les auteurs du *Gallia* n'ont connu que par la date de sa mort arrivée en 1232, reçoit en 1228, d'Adémar de Saint-André, le don de tous les droits que ce chevalier pouvait avoir sur la paroisse de Saint-Jean-de-la-Palud (3), et c'est encore en ses mains qu'en 1230 le même Adémar fonde, en l'église de La Couronne, l'anniversaire de Robert de Saint-André, son père (4).

VI. Guillaume, qui accense, le jour de la Nativité de Notre-Dame (8 septembre) 1232, à Itier Menut, le mas du Meynieux, en la paroisse de Saint-Fortunat (5), et qui transige, en décembre 1236, avec les enfants de P. Gombaud, vivant chevalier de Pons, au sujet de la largeur d'un fossé touchant au moulin de Jouent (6), n'a pas été connu des auteurs du *Gallia* et doit être intercalé entre Hélie II et Aymard.

VII. Gombaud, sur lequel les mêmes auteurs n'ont pas eu de renseignements avant et après 1256, assiste comme abbé, dès le 14 juin 1253, à la confirmation, en présence de Hugues de Lusignan, par Guillaume d'Archiac, chevalier, d'une donation que ce dernier avait faite, plusieurs années auparavant, à l'abbaye de

---

(1) Archives de la Charente, abb. de La Couronne.
(2) Ibid., abb. de La Couronne, préceptorerie de Beusses.
(3) Ibid., abb. de La Couronne, prieuré de Saint-Jean-de-la-Palud.
(4) Ibid.
(5) Ibid., abb. de La Couronne, préceptorerie du Breuil-d'Archiac.
(6) Ibid., abb. de La Couronne, prieuré de Chaille.

La Couronne (1), et paraît encore avec la qualité d'abbé, dans une charte relative au fief de Marthon, relevant de la même abbaye, le lundi après la fête de St-Vincent (23 janvier) 1268 (n. s.).

VIII. FOULQUES, dont le *Gallia* ne fait pas mention avant 1306, donne à cens, du consentement de son chapitre, le mercredi de la Pentecôte (16 mai) 1296, à Guillaume Bernard, paroissien de Saint-Laurent-de-Belzagot, un pré sur la Tude, *in riparia Tudæ*, paroisse du dit Saint-Laurent (2), et fonde dans son abbaye, le 15 juin 1301, l'octave des quatre fêtes de la Ste-Vierge (3).

IX. GOMBAUD II, que le *Gallia* ne cite plus après l'accord qu'il fit, en 1323, avec Pierre, abbé de Bassac, paraît encore avec la qualité d'abbé, le 6 novembre 1324, dans une charte relative à la terre de Chabrefy, relevant de l'abbaye de La Couronne (4).

X. HÉLIE, qui sollicite par supplique du 10 novembre 1352, et obtient, le 2 mai de l'année suivante, de Jean Magnan et Arnaud André, chanoines, vicaires généraux d'Ayquelin, évêque d'Angoulême, alors absent, la réunion du prieuré de Moulède à sa mense abbatiale (5), n'a pas été connu des auteurs du *Gallia*.

XI. PIERRE, que les mêmes auteurs ne mentionnent affirmativement qu'à la date de 1389 et qu'ils hésitent à reconnaître dans l'abbé de ce nom qu'ils citent à la date de 1400, paraît dans un titre de l'abbaye de La Couronne de février 1398.

XII. RAYMOND, abbé de La Couronne, qui rend hommage en cette qualité à Robert de Luxembourg, évêque d'Angoulême, dès le 14 juin 1481 (6), qui scelle, le 6 novembre 1483, l'acte par lequel Mathurine Robert fait don à Guillaume Coupeau, du moulin d'Ecumier sur le Né (7), que l'on trouve encore comme abbé de La Cou-

(1) Archives de la Charente, abb. de La Couronne, préceptorerie du Breuil-d'Archiac.
(2) Ibid., abb. de La Couronne, préceptorerie *de Longo sepe*.
(3) Ibid., abb. de La Couronne, prieuré de Saint-Jean-de-la-Palud.
(4) Ibid., abb. de La Couronne, Chabrefy.
(5) Ibid., abb. de La Couronne, prieuré de Moulède.
(6) Ibid., évêché d'Angoulême, Roullet.
(7) Ibid., abb. de La Couronne.

ronne, dans un titre de l'évêché, du 18 mars 1499 (n. s.), et qui n'était plus abbé le 4 juillet 1507, époque à laquelle paraît un autre abbé du nom de Pierre, est le même que Raymond Achard duquel le *Gallia* dit qu'il était abbé en 1504 et qu'il mourut en 1511.

XIII. PIERRE, qui donne à rente, en qualité d'humble abbé de La Couronne, par bail du 14 juillet 1507, le ménil de Rites, dans le domaine du Breuil-d'Archiac (1), n'a pas été connu des auteurs du *Gallia* et doit être intercalé entre Raymond Achard et Jean Petit.

XIV. JEAN Caluau, duquel le *Gallia* se borne à dire qu'il gouvernait l'abbaye en 1514 et qu'il mourut à Lyon, est encore mentionné avec la double qualité d'évêque de Senlis et d'abbé commendataire de l'abbaye de La Couronne, dans des titres de ce monastère, des 6 janvier 1521 (n. s.) et 16 mai 1522 (2)

XIV. ANNET de Plas, évêque de Bazas et abbé commendataire de La Couronne, que le *Gallia* mentionne pour la première fois à la date de 1553, est qualifié abbé dans une pièce du 21 juin 1535, que scelle en son nom son vicaire général, et porte encore ce titre dans deux autres pièces des archives de l'abbaye de La Couronne, des 16 novembre 1542 et 1er septembre 1546.

XVI. FRANÇOIS Thaurel, dont le *Gallia* ne cite pas d'actes avant 1572, est relaté avec la qualité d'abbé dans des titres de l'abbaye de La Couronne datés des 14 juin 1555, 7 novembre 1556 et 30 juillet 1564, et dans une autre de 1571 (3).

XVI. PIERRE, humble abbé de La Couronne, qui afferme en cette qualité, par bail du 17 janvier 1569, une maison sise à Mouthiers et dépendant de l'abbaye, n'a pas été connu des auteurs du *Gallia* (4).

---

(1) Archives de la Charente, abb. de La Couronne.
(2) Ibid., abb. de La Couronne, préceptorerie du Breuil-d'Archiac.
(3) Ibid. abb. de La Couronne.
(4) La qualité d'humble abbé prise par celui-ci, à l'imitation des abbés réguliers, semble indiquer qu'il fut élu par les religieux comme protestation contre la nomination de François Thaurel, abbé commendataire, qui était pourvu dès 1556, que nous trouvons encore abbé en 1571, et que le *Gallia* cite à la date de 1572.

XVIII. Jean Caluau, que les auteurs du *Gallia* n'ont connu que par sa mort arrivée en 1584, est mentionné dans des titres de son abbaye, des 3 août 1575 et 7 août 1578.

XIX. Jean de Volvire, que le *Gallia* ne mentionne pas comme abbé avant 1608, prend cette qualité dans deux pièces des archives de l'abbaye, l'une du 8 juin 1585, et l'autre du 7 juillet 1592, dans laquelle il est dit successeur de Jean Caluau.

XX. Louis de Bompart, pourvu de l'abbaye de La Couronne postérieurement à la publication du *Gallia*, figure dans les titres de l'abbaye aux dates des 25 septembre 1751 et 16 octobre 1771.

XXI. Jean-Louis Gaston de Pollier succéda au précédent à une époque que nous ne pouvons préciser. Il fait des baux à ferme en qualité d'abbé, en 1777 et 1787.

CELLEFROUIN.

(Gall. Christ., II, col. 1047)

I. Pierre, abbé de Cellefrouin, qui souscrit en 1180, dans un accord intervenu entre Jean, abbé de La Couronne, d'une part, Hélie Du Verdier (*de Viridario*) et Géraud, son frère, d'autre part, au sujet d'une terre appelée *Mansus Lobeth*, paroisse de Sireuil, (1), n'a pas été connu des auteurs du *Gallia Christiana*, s'il n'est le même que l'abbé de ce nom qu'ils citent aux dates de 1194, 1215 et 1235.

II. Jean, que les mêmes auteurs mentionnent seulement comme ayant été cité dans une charte de l'abbaye de Grosbost datée de 1258, est arbitre dès 1231, conjointement avec Guillaume, abbé de Saint-Cybard, dans un différend survenu entre l'abbé de Grosbost et le prieur du Peyrat, au sujet de l'église de Saint-Maurice de Rougnac (2), et scelle, le dimanche après l'Invention de la Sainte-Croix (6 mai) 1257, un aveu rendu à Robert de Montbron, évêque d'Angoulême, par Guillaume de *Guoiza*, paroissien de Valence (3).

(1) Archives de la Charente, abb. de La Couronne, prieuré de Sireuil.
(2) Ibid., abb. de Grosbost.
(3) Ibid., évêché d'Angoulême.

III. ETIENNE, qui transige, le jeudi après l'Annonciation (28 mars) 1280 (n. s.), avec Guy de La Rochefoucauld, seigneur de Marthon, de Blanzac et de Cellefrouin, sous l'arbitrage de Guillaume de Blaye, évêque d'Angoulême, au sujet de droits sur la terre de La Forêt, et des foires de Cellefrouin, n'a pas été connu des auteurs du *Gallia* (1).

IV. HÉLIE, abbé de Cellefrouin, qui désavoue, le 12 avril 1445, conjointement avec les abbés de Saint-Cybard et de Saint-Amand-de-Boixe, une procédure des doyen et chapitre cathédral d'Angoulême (2), n'a pas été connu des auteurs du *Gallia*.

V. ETIENNE, qui transige, le 4 juin 1468, avec Guy de La Rochefoucauld, seigneur du dit lieu, de Marthon, Blanzac et Cellefrouin (3), n'a pas été connu des mêmes auteurs.

VI. GUILLAUME, qui rend hommage à l'évêque d'Angoulême pour raison du temporel de son abbaye, les 5 janvier 1473 (n. s.) et 8 septembre 1494 (4), n'a pas été connu des mêmes auteurs.

VII. GUILLAUME Lériget, qui rend hommage à l'évêque d'Angoulême, pour raison de son abbaye, le 4 septembre 1503 (5), est probablement le même que le précédent.

VIII. GUY de Montalembert, qui est défendeur, en avril 1554, dans un procès pendant aux grandes assises de l'évêché d'Angoulême (6), n'a pas été connu des auteurs du *Gallia*.

IX. GASTON Mosnier de Planeau, abbé commendataire, qui confère en cette qualité, le 9 septembre 1613, l'office de sénéchal de son abbaye (7), qui présente le 1er décembre 1626, Pierre de Vaux religieux de son abbaye, à la nomination de l'évêque d'Angoulême, pour la cure de Cellefrouin (8), et qui fait acte d'abbé en

---

(1) Archives de la Charente, évêché d'Angoulême, Cellefrouin.
(2) Ibid., inventaire de J. Mesneau, n° 1179.
(3) Ibid., évêché d'Angoulême, Cellefrouin.
(4) Ibid.
(5) Ibid.
(6) Ibid., évêché d'Angoulême, registres des grandes assises.
(7) Archives de M. Fougerat-Dulac, à Cellefrouin.
(8) Archives de la Charente, minutes de Vérinaud, notaire à Cellefrouin. Les lettres de présentation sont datées du château de Planeau, en Périgord.

1634 et années suivantes, jusqu'au 18 mars 1641, n'a pas été connu des auteurs du *Gallia*.

X. Daniel de la Grange, abbé commendataire, qui n'a pas été connu des mêmes auteurs, fait constater, le 27 juin 1654, l'état du prieuré de Ventouse, tenu par Pierre Bouniceau, chambrier de l'abbaye (1), et est encore, en 1658, l'objet de plaintes adressées par ses religieux à l'évêque d'Angoulême (2).

XI. Claude Vigier de la Grange, conseiller et aumônier du roi, que le *Gallia* appelle N. Vigier et qu'il ne relate que comme ayant été abbé en 1680, prend à ferme de Jean de Devezeau, le 18 mars 1669, une maison avec ses dépendances (3).

XII. Olivier-Placide de Méray de Mongazin, docteur en Sorbonne, du diocèse de Boulogne, abbé commendataire de Cellefrouin, confère, par lettre du 7 mars 1766, l'office de notaire de l'abbaye (4).

N.-D. de Grosbost

(Gall. Christ., II, col. 1048).

I. J., abbé de Notre-Dame de Grosbost, qui reçoit, le 2 février 1229 (n. s.) d'Hélie de Hautefaye et de Ponce, sa femme, cinq sous de cens annuel sur la borderie de la Grand-Font (5), n'a pas été connu des auteurs du *Gallia* et doit être inséré entre Géraud I, qu'ils placent en 1220, et Pierre I qu'ils citent pour la première fois à la date de 1234.

II. Robert, que les mêmes auteurs n'ont connu qu'à la seule date de 1261, à laquelle il figure dans une donation de Pierre de Lobestorn, souscrit, le jour de la Pentecôte (1er juin) 1259, dans une charte de la seigneurie du Repaire de Rougnac (6), et traite, le samedi avant la fête de Saint-Laurent (6 août) 1267, avec Hugues XII de Lusignan,

---

(1) Archives de la Charente, minutes de Dufour, notaire à Cellefrouin.
(2) Ibid.
(3) Ibid., minutes de Devaure, notaire à Cellefrouin.
(4) Ibid., E. 322.
(5) Ibid., abb. de Grosbot.
(6) Ibid., E. 587, famille Arnaud de Rougnac.

comte de la Marche et d'Angoulême et seigneur de Fougères, au sujet des moulins *de Vorolho*, des bois des Brosses et des terres *de Valle Charamelli* (1).

III. GUILLAUME, qui scelle, en janvier 1272 (n. s.), le partage entre Pierre et Hélie Arnaud, frères, de biens patrimoniaux situés dans la paroisse de Rougnac et relevant de la terre et seigneurie du Repaire (2) n'a pas été connu des auteurs du *Gallia*.

IV. BERNARD, que ces auteurs ne citent qu'à la date de 1358, paraît comme abbé, le mardi après le dimanche où l'on chante *Reminiscere*, c'est-à-dire le 7 mars 1357 (n. s.) *(die martis post dominicam qua cantatur Reminiscere, videlicet septima die mensis marcii 1356)*, et figure dans des chartes de ce monastère datées des 3 janvier 1366 (n. s) et 13 février 1369 (n. s.).

V. JEAN, dont le *Gallia* ne fait mention qu'à la date de 1403, sans citer un seul acte de lui, vend, le 13 avril 1398 (n. s.), à Bernard Cachin, clerc, demeurant au Marché-Vieux d'Angoulême, tous les matériaux à provenir de la démolition d'une maison sise audit lieu (3).

VI. PIERRE des Rosiers, duquel le *Gallia* dit qu'il résigna en 1481 en faveur d'Hélie Esnard, s'intitule encore humble abbé de Notre-Dame de Grosbost, dans une délibération capitulaire de 7 mars 1488 (n. s.), relative à l'arrentement d'une maison située près du grand portail de l'abbaye, et de quelques autres immeubles, avec droit de chauffage et pâture dans les bois de l'abbaye (4), et fait encore acte d'abbé dans un titre de l'abbaye daté du 29 août 1494.

VII. PIERRE d'Alloue, que le *Gallia* ne cite qu'à la date de sa mort qu'il dit arrivée en 1575, fait acte d'abbé le 11 septembre 1565, et promet, le 24 janvier 1567 (n. s.), à Hubert de La Rochefoucauld de faire homologuer par le supérieur général de son ordre,

(1) Archives de la Charente, abb. de Grosbost.
(2) Ibid., E. 587 famille Arnaud de Rougnac.
(3) Ibid., registre de Des Ages, notaire à Angoulême.
(4) Ibid., abb. de Grosbost

le traité intervenu en 1560, entre ce seigneur et François de Montalembert, précédent abbé de Grosbost (1).

VIII. Pierre de Louge, qui fait homologuer, le 12 décembre 1576, la convention faite en 1560, entre François de Montalembert, précédent abbé, et le seigneur de La Rochefoucauld, paraît être le même que Pierre d'Alloue dont le *Gallia* place la mort en 1575.

IX. Jean Bouthinot, qui fait signifier, le 5 juin 1587, à Charles de Bony, évêque d'Angoulême, les bulles de provision à lui accordées par le pape, sur la nomination faite de sa personne par le roi, en qualité d'abbé de Grosbot, le 3 décembre 1586 (2), et qui fait, le 10 juin 1589, un bail à ferme au profit de Vincent de Villars, écuyer, sieur de la Barrière (3), n'a pas été connu des auteurs du *Gallia*.

X. Jean de la Font, dont le *Gallia* ne cite pas d'actes après 1641, date de sa nomination, transige le 19 mai 1646, au sujet des possessions de son abbaye dans la paroisse de Rougnac (4), et reçoit en qualité d'abbé, le 3 mars 1670, une déclaration de rente (5).

XI. Jean Jouilhac, chapelain ordinaire du roi, abbé commendataire de Grosbot, qui fait dresser, le 30 janvier 1719, un procès-verbal détaillé de l'état de l'abbaye et des domaines en dépendant (6), n'est pas mentionné par le *Gallia*, qui s'arrête à 1713.

XII. François-Claude Léoutre, abbé de Grosbost, visiteur général de l'ordre de Citeaux, transporte, le 16 décembre 1740, à Jean Sazerac, marchand et juge consulaire de la ville d'Angoulême, une rente constituée à son profit par François Normand, écuyer, seigneur de Chément (7), et transige comme abbé « régulier et bullé », le 24 avril 1744, avec François du Verdier, évêque d'Angoulême (8).

(1) Archives de la Charente.
(2) Ibid., minutes de Gibauld, notaire à Angoulême.
(3) Ibid., abb. de Grosbost.
(4) Ibid.
(5) Ibid.
(6) Ibid., minutes de Deroullède, notaire à Angoulême.
(7) Ibid.
(8) Ibid.

XIII. Louis Huot, docteur en Sorbonne, abbé régulier de Grosbost, reçoit en cette qualité, le 20 janvier 1750, la déclaration censuelle de La Tour-de-Birac (1), est dit visiteur général de l'ordre de
Cîteaux, dans un bail du 17 mars 1753 (2), afferme, le 31
octobre 1756, le moulin de Font-Pallais, paroisse de Grassac (3),
et fait encore des actes comme abbé de Grosbost, les 3 mai 1762 et
1er juillet 1763 (4). Il était mort le 24 mars 1767.

XIV. François Coupdelance, aumônier du Roi, prend possession,
le 24 mars 1767, par Claude-François Léoutre, son procureur, de
l'abbaye de Grosbost, vacante par la mort de Dom Louis Huot (5),
et reçoit, comme abbé, le 29 janvier 1777, une déclaration de cens
et rentes pour des terres relevant de cette abbaye.

N.-D. DE BOURNET.

(Gall. Christ., II, col. 1051.)

I. Guillaume I, premier abbé de Bournet, mentionné comme
tel dans la charte de fondation de l'abbaye, datée de 1125 et
vidimée en 1402, par Guillaume, évêque d'Angoulême, sur l'ori-
ginal à lui présenté (6), ne cessa point d'être abbé dès l'année 1125,
et exclut Hélie, que le *Gallia Christiana* lui donne, dubitative-
ment d'ailleurs, pour successeur dès cette même année. Dans
une enquête datée de 1128, au sujet de l'église de Saint-Cybardeaux, Hugues, abbé de Saint-Cybard, parle d'un traité qu'il a
fait, peu de temps auparavant, *cum Willelmo, primo abbate
de Bornet* (7), et c'est sans doute le même abbé qui reçoit, en 1155,
d'Aimeri, Hélie et Raymond de la Faye, le don de tous les droits
que ces seigneurs pouvaient avoir sur le moulin de Puychaud (8).

II. Guillaume Chaboz, abbé de Bournet, qui assiste, en 1172,
à la donation que font à l'abbaye de La Couronne Hugues,
Gautier et Guy de Saint-Martin, frères, de leur droit d'usage dans

---

(1) Archives de la Charente, abb. de Grosbost.
(2) Ibid., minutes de Leblant, notaire à Marthon.
(3—4—5) Ibid., minutes de Lhomme-Delalande, notaire à Charras.
(6) Archives de l'évêché d'Angoulême, cartulaire.
(7) Archives de la Charente, abb. de Saint-Cybard.
(8) Ibid., abb. de Bournet.

la forêt de Marange (1), n'a pas été connu des auteurs du *Gallia,* s'il n'est le même que Guillaume I.

III. PIERRE, abbé élu, *dictus abbas de Borneto,* qui notifie, en 1197, une transaction intervenue entre le prieur de Puy-Foucaud, membre dépendant de l'abbaye de La Couronne, et Bernard de la Rivière (2), n'a pas été connu des mêmes auteurs.

IV. ARNAUD Léotard, qui scelle, en qualité d'abbé de Bournet, le 21 septembre 1266, un aveu rendu à Robert de Montbron, évêque d'Angoulême, par Itier de Villebois, seigneur de La Rochebeaucourt (3), n'a pas été connu des auteurs du *Gallia.*

V. RAYMOND, que les auteurs du *Gallia* n'ont connu comme abbé de Bournet qu'à la date de 1293, scelle, en octobre 1274, un aveu rendu à Guillaume de Blaye, évêque d'Angoulême, par Hélie Tizon (4), scelle encore, le mardi après la Pentecôte (18 mai) 1277, un autre aveu rendu par Isabelle, veuve de Guillaume de Saint-Laurent (5), et transige, le samedi avant la fête de St-Grégoire (mars ou septembre 1290 ou 1291), avec le prieur de Nonac (6).

VI. FRANÇOIS Joumard, probablement de la famille Joumard Tizon d'Argence, que le *Gallia* ne mentionne pas, est dit « défunt abbé de Bournet » dans un acte de cette abbaye daté du 24 mai 1651 (7), et ne doit pas être confondu avec N. Joumard, cité par le *Gallia,* d'après l'*Etat de la France,* aux dates de 1670 et 1680.

VII. JACQUES Poisson, pourvu de l'abbaye de Bournet postérieurement à la publication du *Gallia Christiana,* fait dresser, le 16 juillet 1721, un procès-verbal détaillé de l'état de l'abbaye (8).

VIII. CLAUDE Jolyot, chapelain de la chapelle du Roi, pourvu en commende de l'abbaye de Bournet, par bulles du 19 novembre

---

(1) Archives de la Charente, abb. de La Couronne, Hiersac.
(2) Ibid., abb. de Le Couronne, Puy-Foucaud.
(3) Ibid., évêché d'Angoulême, Montignac.
(4) Ibid., évêché d'Angoulême, Dirac.
(5) Ibid., évêché d'Angoulême.
(6—7) Ibid., abb. de Bournet.
(8) Ibid., minutes de Deroullède, notaire à Angoulême.

1725, en prend possession le 14 mars 1726 (1) et porte encore le titre d'abbé dans un procès-verbal de vente, du 8 mai 1753 (2).

St-Arthémi de Blanzac.

(Gall. Christ., II, 1052.)

I. Geoffroy Du Doignon *(de Dompnio)*, qui est dit défunt abbé de Blanzac, dans un traité fait entre ses frères, au sujet de sa succession, le lundi après la Mi-Carême (15 mars 1260, n. s.) (3), n'a pas été connu des auteurs du *Gallia Christiana*.

II. Pierre, abbé de Blanzac, qui scelle, en mars 1273 ou 1274, un aveu rendu à Guillaume de Blaye, évêque d'Angoulême, par Guillaume Seguin (4); — le 13 juin 1274, un autre aveu rendu au même par Hélie Tizon (5); — le 3 février 1275 (u. s), un autre aveu rendu au même par Guillaume Brun, damoiseau de la paroisse de Bunzac (6), n'a pas été connu des auteurs du *Gallia*.

III. Pierre André, peut être le même que le précédent, qui scelle des aveux rendus à l'évêque d'Angoulême, en 1275, par Iva, veuve d'Odon Bernard, chevalier (7), et en juin 1276, par P. Bermond, chevalier, seigneur de Sainte-Eulalie (8), n'a pas été connu des auteurs du *Gallia*.

IV. Guillaume, dont les mêmes auteurs ne font aucune mention, paraît avec le titre d'abbé de Blanzac, dans une charte originale dont les premières lignes seulement sont lisibles, et dont l'écriture indique la seconde moitié du XIIIe siècle (9).

V. Hugues, qui scelle, le lundi avant la Pentecôte (19 mai) 1298, comme abbé de Saint-Romain *(sic)* de Blanzac, un aveu rendu à

(1--2) Archives de la Charente, minutes de Deroullède, notaire à Angoulême.
(3) Ibid., pièces diverses.
(4) Ibid., évêchè d'Angoulême.
(5) Ibid., évêché d'Angoulême, Dirac.
(6) Ibid., La Rochefoucauld.
(7) Ibid., Blanzac.
(8) Ibid., Montbron.
(9) Ibid., Blanzac.

Guillaume de Blaye, évêque d'Angoulême, par Marguerite, veuve de René de Coulgens, paraît devoir être mis au nombre des abbés de Saint-Arthémi.

VI. GUILLAUME de Montendre, qui scelle, comme abbé de l'église séculière et collégiale de Saint-Arthémi de Blanzac, le samedi avant la Nativité de Notre-Dame (7 septembre) 1303, une vente entre particuliers (1), et qui paraît être le même que Guillaume de Montendre, qui est qualifié *legum professor Xanctonensis*, dans des aveux rendus à l'évêque d'Angoulême par le seigneur de Marcillac, les 21 août 1295 et 8 juillet 1296 (2), n'a pas été connu des auteurs du *Gallia*.

VII. GAUTHIER, qui porte la qualité d'abbé de Saint-Arthémi de Blanzac, dans une charte en partie détruite, dans laquelle il est également fait mention de Foulques, évêque d'Angoulême, qui occupa le siège épiscopal de 1309 à 1313, n'a pas été connu des auteurs du *Gallia*.

VIII. HÉLIE, abbé de Blanzac, qui fait des baux à rente, sous le seul nom d'Hélie, les 11 novembre 1446, 7 juin 1456, 14 septembre 1460 (3), et sous celui d'Hélie de la Farge, en janvier 1458 (n. s.), mars 1466 et janvier 1472 (n. s.), n'a pas été connu des auteurs du *Gallia*.

IX. GUILLAUME Saingarreau ou de Saint-Garreau, qui afferme par baux des 4 juin 1481 (4) et 19 mars 1482 (5), des terres et vignes appartenant à l'abbaye de Blanzac, a été inconnu des auteurs du *Gallia*.

X. HÉLIE Pastoureau, qui vend, du consentement de son chapitre, par acte du 23 juillet 1487, un emplacement pour construire une maison (6), et qui afferme, par bail du 4 octobre 1495, des terres sises à Porcheresse et ailleurs, n'a pas été connu des auteurs du *Gallia*.

XI. HÉLIE de la Farge, qui afferme, comme abbé de Blanzac, par

(1) Archives de la Charente, abb. de Blanzac.
(2) Ibid., évêché d'Angoulême, Marcillac.
(3—4—5—6) Ibid., chapitre de Blanzac.

bail du 15 octobre 1503, des terres appartenant à son abbaye, n'a pas été connu des auteurs du *Gallia*.

XII. FRANÇOIS de Villoutreys, qui est dit « en son vivant écuyer, sieur de Ladiville, défunt abbé de Blanzac », dans un titre de ce chapitre daté du 23 janvier 1621, n'a pas été connu des auteurs du *Gallia*.

XIII. CLAUDE Lévêquot, qui afferme, comme abbé de Blanzac, le 29 décembre 1638 (1), des terres appartenant à son abbaye, n'a pas été connu des auteurs du *Gallia*.

XIV. HÉLIE Penot, qui fait un bail à ferme, comme abbé de Blanzac, le 22 juin 1659, n'a pas été connu des auteurs du *Gallia*.

XV. CLAUDE Penot, docteur en théologie et abbé de Blanzac, qui reçoit une procuration le 28 janvier 1672, et qui fait un bail à rente le 5 juillet 1689, n'a pas été connu des mêmes auteurs.

XVI. HÉLIE de l'Etoile, qui fait des baux à ferme et à rente, comme abbé de Blanzac, les 12 septembre 1697, 5 janvier 1704 et 20 mai 1720, n'a pas été connu des mêmes auteurs.

XVII. PHILIPPE Gratreau, écuyer, abbé de Blanzac, assiste à une délibération de son chapitre, le 30 mai 1721 (2), transige, le 5 juillet 1724, avec Robert Guillaume, écuyer, seigneur du Maine-Giraud (3), et fait encore acte d'abbé, le 4 décembre 1724 (4).

(1—2—3) Archives de la Charente, chapitre de Blanzac.
(4) Ibid , minutes de Déroullède, notaire à Angoulême.

DIOCÈSE DE SAINTES

ÉVÊQUES DE SAINTES

(Gall. Christ., II, 1055.)

I. RAINAUD, sur lequel le *Gallia Christiana* ne cite d'autre date que celle de son élection, qui eut lieu, d'après la chronique de Maillezais, en 1111, est mentionné dans une charte de l'abbaye de La Couronne datée du 2 juillet 1116, comme ayant assisté, l'année précédente, à des donations faites à cette abbaye (1), et une charte de l'abbaye de Saint-Cybard nous apprend qu'il avait été sacré par le pape Paschal II en personne (2).

II. HÉLIE, que le *Gallia* ne cite pas avant 1225, est mentionné en 1222, dans une charte de Foucaud d'Auvignac, chevalier, en faveur de l'abbaye de La Couronne (3).

III. Vacance du siège. — Deux chartes, l'une de l'abbaye de La Couronne, du 28 mai 1276 (4), l'autre, de l'abbaye de Saint-Cybard, du samedi après l'Epiphanie 1277 (n. s.), nous apprennent que le siège de Saintes était vacant à ces deux dates.

IV. ETIENNE, évêque de Saintes, que le *Gallia* ne cite pas après 1349, reçoit, en janvier 1351 (n. s.), une transaction entre Frère Aymeric, gardien des Cordeliers de Barbezieux, et Hélie Seigneuret, neveu et héritier de Laud Seigneuret, au sujet d'un legs fait par ce dernier aux Cordeliers de Barbezieux (5).

(1) Archives de la Charente, abb. de La Couronne, prieuré d'Agudelle.
(2) Ibid., abb. de Saint-Cybard, prieuré de Gourville.— La Charte porte : *Acta anno ab incarnatione Domini M.C.XIIII,.. Dompno Paschali papa in romana sede præsidente, qui suprascriptum Regynaldum presulem propriis manibus consecravit.*
(3) Ibid., abb. de La Couronne, préceptorerie de Beusses.
(4) Ibid., prieuré d'Agudelle.
(5) Ibid., Cordeliers de Barbezieux.

ARCHIDIACRES DE SAINTONGE ET D'AUNIS (1)

I. AMBLARD, archidiacre de Saintonge ou d'Aunis, souscrit dans des chartes du cartulaire de l'abbaye de Baignes datées de 1066 et après 1075, et dans d'autres, de l'abbaye de Notre-Dame de Saintes, de 1080 et vers 1084.

II. GEOFFROY et RAINULFE, archidiacres, l'un de Saintonge et l'autre d'Aunis, souscrivent ensemble dans une charte du cartulaire de l'abbaye de Baignes datée de 1075 à 1083. Rainulfe souscrit seul, vers 1104, dans une charte de l'abbaye de Saint-Jean-d'Angély (Mss. de D. Fonteneau).

III. ELÉAZAR, archidiacre de Saintonge ou d'Aunis, souscrit seul dans des chartes du cartulaire de l'abbaye de Baignes, datées de 1077 et de 1075 à 1083.

IV. PIERRE, archidiacre de Saintonge ou d'Aunis, assiste, vers 1104, avec Rainulfe, aussi archidiacre, à une donation faite à l'abbaye de Saint-Jean-d'Angély, et souscrit encore, en 1137, dans une charte de l'abbaye de Saintes (Mss. de D. Fonteneau).

V. AMALVINUS, archidiacre de Saintonge, assiste, en 1104, à un jugement rendu par l'évêque de Saintes, au sujet de l'église de Marestais (Mss. de D. Fonteneau) ; souscrit en 1122, dans une charte du cartulaire de l'abbaye de Saint-Cybard d'Angoulême, et porte encore en 1133, dans une charte de l'abbaye de Baignes, le titre d'archidiacre uni à celui de doyen de Saintes.

VI. ACHARD, archidiacre d'Aunis, assiste, en 1108, à la restitution faite à l'église d'Angoulême par le comte Guillaume Taillefer, de l'église d'Aent dont il s'était emparé (Mss. de D. Fonteneau).

VII. JOSSELIN, archidiacre d'Aunis, assiste, vers 1108, mais probablement après, à la restitution faite à l'abbaye de Saint-Jean-d'Angély, par Isembert de Châtelaillon, de tout ce qu'il lui avait injustement ravi, et souscrit encore en 1117, dans une charte de Rainulfe, évêque de Saintes, en faveur de l'abbaye de Saint-Maixent (Mss. de D. Fonteneau).

---

(1) Le diocèse de Saintes comprenait les deux archidiaconés de Saintonge et d'Aunis. Cette liste est entièrement nouvelle, le *Gallia* n'ayant donné ni les archidiacres de Saintonge ni ceux d'Aunis.

VIII. Boemond, archidiacre de Saintonge ou plus probablement d'Aunis, est mentionné, en 1133, dans une charte du cartulaire de l'abbaye de Baignes. Il souscrit encore, en 1134 et 1137, dans des chartes de l'abbaye de Notre-Dame de Saintes (Mss. de D. Fonteneau).

IX. Geoffroy, archidiacre de Saintonge ou d'Aunis, assiste, le 23 septembre 1149, à une transaction entre le chapelain de l'Isle-d'Aix et ses religieux, au sujet des oblations de leur église (Mss. de D. Fonteneau).

X. Eldrade, archidiacre de Saintonge, est mentionné comme assistant, dans une charte de la préceptorerie du Breuil-d'Archiac, datée de 1159 (1).

XI. Regnaud, archidiacre de Saintonge, assiste, en 1179, à une sentence arbitrale d'Adhémar, évêque de Saintes, rendue entre Géraud, abbé de Dalon, et Aldeburge, abbesse de Notre-Dame de Saintes (2).

XII. Chalon, archidiacre de Saintonge ou d'Aunis, figure avec Hélie, doyen de Saintes, dans une charte de Pierre, évêque d'Angoulême, en faveur de l'abbaye de Saint-Jean-d'Angély (Mss. de D. Fonteneau).

XIII. Henri, archidiacre d'Aunis en l'église de Saintes, assiste, en 1178, à un jugement de son évêque qui attribue au chapitre de Saint-Hilaire-le-Grand, de Poitiers, les églises de Saint-Cirice et Saint-Hilaire d'Arçay (Mss. de D. Fonteneau).

XIV. Rainulfe Barbotin, archidiacre de Saintonge, souscrit, en 1194, avec Pierre, abbé de La Couronne, dans une charte de Jean, évêque d'Angoulême, en faveur de cette abbaye, relative au maine de La Leige, paroisse de Champmillon (3).

XV. Pierre, archidiacre d'Aunis, souscrit, le 29 août 1217, dans une charte de Guillaume Maingot, seigneur de Surgères, en faveur de l'abbaye de Saint-Maixent (Mss. de D. Fonteneau).

XVI. Robert, archidiacre de Saintonge, vidime, en octobre 1251, une charte d'Adhémar, comte d'Angoulême, en faveur de l'abbaye de La Couronne (4).

(1) Archives de la Charente, abb. de La Couronne, Archiac.
(2) Bibliothèque nationale, fonds latin, Mss. 17,029, folio 217.
(3) Archives de la Charente, abb. de La Couronne, La Leige.
(4) Ibid. abb. de La Couronne, Archiac.

XVII. AIMERI, archidiacre d'Aunis, est mentionné en cette qualité, en octobre 1252, dans une charte du cartulaire de Saint-Cybard d'Angoulême.

XVIII. CONSTANT, archidiacre d'Aunis, scelle, en 1264, une charte de l'abbaye de La Grâce-Dieu en Poitou (Mss. de D. Fonteneau).

XIX. PONS, archidiacre d'Aunis en l'église de Saintes, que le *Gallia* mentionne comme doyen, en 1275, scelle en novembre 1265, un acte de vente entre particuliers (1).

XX. AIMAR de Bors, archidiacre d'Aunis en l'église de Saintes, scelle, en mars 1271, une vente faite par un bourgeois de La Rochelle (2).

XXI. PIERRE Sorin, archidiacre d'Aunis en l'église de Saintes, scelle, à La Rochelle, en avril 1273, la vente d'une rente par le seigneur de Rochefort à Pierre de la Brosse (3).

XXII. GIRAUD, archidiacre d'Aunis, figure dans une charte de l'abbaye de Saint-Cybard, le vendredi après la fête de Saint-Nicolas 1277, et scelle, en mars 1277 ou 1278, une charte d'Aimeri de Thairé (Mss. de D. Fonteneau).

XXIII. PIERRE VIGIER scelle, comme archidiacre de Saintonge, en octobre 1270, une charte de Guillaume, prieur de Bois-Bertaut, et est cité avec cette qualité dans des chartes de la préceptorerie du Breuil-d'Archiac, d'octobre 1273 et d'avril 1279.

XXIV. GEOFFROY, archidiacre de Saintonge, scelle, en 1283, un acte entre particuliers. On le retrouve encore en 1294 et 1295, dans deux chartes de la préceptorerie du Breuil-d'Archiac, et dans une de la préceptorerie de Nayers du 2 juin 1299.

XXV. HUGOLIN, archidiacre d'Aunis en l'église de Saintes, scelle, le 25 juin 1301, un échange entre le Roi et l'abbaye de Saint-Jean-d'Angély (4).

XXVI. BERNARD, archidiacre de Saintonge, prend cette qualité

(1) Archives Nationales, J. 180, n° 11.
(2) Ibid., J. 180, n° 13.
(3) Ibid., J. 728, n° 117.
(4) Ibid., J. 180, n° 47.

7

dans une charte de la préceptorerie du Breuil-d'Archiac datée de 1311, et dans une du prieuré de Chaille datée du 14 janvier 1312 et scelle en 1319, une charte des Archives nationales (1).

XXVII. ARNAUD, archidiacre de Saintonge, souscrit dans une charte de la préceptorerie du Breuil-d'Archiac, du 31 décembre 1319 (2) et dans deux autres de la préceptorerie de Nayers, de janvier 1329 et janvier 1334 (3).

XXVIII. ROBERT, archidiacre de Saintonge, scelle, le mardi avant la fête de St-Georges (22 avril) 1337, un acte de vente entre particuliers.

XXIX. BERNARD, archidiacre de Saintonge, traite, le mardi après la Nativité de Notre-Dame (14 septembre) 1339, avec Hélie, abbé de La Couronne, et Etienne, précepteur de Nayers. On le trouve encore, avec la qualité d'archidiacre de Saintonge, dans une charte de l'abbaye de Baignes, de 1344 (4), et avec celle d'archidiacre d'Aunis, dans une autre du prieuré du Lignon, datée du jeudi après la fête de St-Martin 1348 (5). Il succéda probablement, comme archidiacre d'Aunis, à Guillaume qui en prend le titre dans une charte du chapitre cathédral d'Angoulême, du 28 mai 1341.

XXX. JEAN, archidiacre de Saintonge, scelle comme tel, le 26 mars 1352 (n. s.), une reconnaissance de rente entre particuliers.

XXXI. GILLES, archidiacre de Saintonge, porte ce titre dans deux chartes de l'abbaye de Baignes datées, l'une du 1er février 1365 (n. s.), l'autre d'avant le dimanche des Rameaux de la même année.

XXXII. SEGUIN scelle, en qualité d'archidiacre de Saintonge, le vendredi avant la fête de St-Grégoire (septembre 1367 ou mars 1368), un aveu rendu à Hélie de Pons, évêque d'Angoulême, par Hélie de Frombeville, chevalier (6), et transige, le mardi après la

(1) Archives de la Charente, abb. de La Couronne, prieuré de Chaille.
(2) Ibid., abb. de La Couronne, Archiac.
(3) Ibid., abb. de La Couronne, Nayers.
(4) Ibid., abb. de Baignes.
(5) Ibid., abb. de La Couronne, prieuré du Lignon.
(6) Ibid., évêché d'Angoulême, Blanzac.

fête du même saint (septembre 1371 ou mars 7372), avec Guillaume Flavard, curé de Sainte-Leurine (1).

XXXIII. PIERRE Troubat, qui prend le titre d'archidiacre de Saintonge dans une charte de l'abbaye de Baignes comprise entre octobre 1385 et octobre 1386, scelle, le jeudi avant Ste-Madeleine (12 juillet) 1390, l'aveu rendu à Hélie, évêque de Saintes, par Guillaume Brun, seigneur de Moings, pour raison du fief de Crucq (2), et rend hommage à la seigneurie de Pons, le 28 novembre 1407 (3).

XXXIV. GUILLAUME, archidiacre de Saintonge, transige, le 13 novembre 1429, avec Pierre Hervet, prieur de l'Hôpital-Vieux de Pons, au sujet des revenus de la cure de Sainte-Leurine (4). Peut-être est-il le même que le suivant.

XXXV. GUILLAUME, archidiacre d'Aunis, qui scelle, le 28 mai 1441, une charte relative au prieuré de Saint-Médard d'Auge (5), notifie, le 8 février 1446 (n. s.), une procuration donnée par Jean Calebrache, écuyer, et Agnès Vigier, sa femme, seigneur et dame de Saint-Mary, à Jean de Frondebœuf et André de Barbezières, écuyers, leurs gendres, et autres (6).

XXXVI. THOMAS du Clion, archidiacre de Saintonge, qui scelle comme tel, le 26 octobre 1455, un bail fait par le prieur de Saint-Paul de Bouteville, reçoit, sous le double titre d'archidiacre de Saintonge et de doyen d'Angoulême, le 27 septembre 1461, l'hommage du fief de Fresne (7), et fait encore, en janvier 1463 (n. s.), une baillette au nom de l'évêque d'Angoulême (8).

---

(1) Archives de la Charente, abb. de Saint-Cybard, prieuré de Bouteville.
(2) Ibid., E. 612.
(3) Ibid., abb. de Saint-Cybard, prieuré de Bouteville.
(4) Ibid.
(5) Ibid., chapitre Saint-Pierre, Saint-Médard-d'Auge.
(6) Ibid., évêché d'Angoulême, cartulaire, pièce n° 61.
(7) Ibid., chapitre Saint-Pierre, Juillac-le-Coq.
(8) Ibid., évêché d'Angoulême, Jurignac.

DOYENS DE SAINTES

(Gall. Christ., II, col. 1089.)

I. HÉLIE, doyen de Saintes, mentionné comme assistant, dans une charte de l'abbaye de Saint-Cybard d'Angoulême datée de 1161, n'a pas été connu des auteurs du *Gallia Christiana* et doit être placé avant Jean I auquel ils donnent le premier rang.

II. PIERRE Laus, doyen de Saintes, dont les auteurs du *Gallia* n'ont pas connu le nom de famille, assiste, en 1265, à la cession faite par Guillaume de Barbezieux, chevalier, à Foucher Paniz, de tous ses droits sur des vergers situés près de Barbezieux (1).

III. GUY-CHARLES Chabot, doyen de Saintes, que le *Gallia* prolonge jusqu'à l'année 1677, résigne au château de Jarnac, en 1675, en faveur d'autre Guy-Charles Chabot, clerc tonsuré, son neveu (2).

ABBAYES DU DIOCÈSE DE SAINTES

Celles des abbayes du diocèse de Saintes sur lesquelles nous avons des renseignements nouveaux à fournir sont les suivantes :
Bassac, *Bassacum*, O. S. B.
Vaux, *Valles S. Stephani*, O. S. B.
Baignes, *Beania*, O. S. B.
Font-Douce, *Fons Dulcis*, O. S. B.
Châtres, *B. Maria de Castris*, O. S. A.

SAINT-ETIENNE DE BASSAC.

(Gall. Christ., II, col. 1109.)

I. SEGUIN Giraud d'Anqueville, dont le *Gallia Christiana* ne cite pas d'actes, comme abbé de Bassac, avant 1486, comparaît en justice, comme mandataire du prieur de Bouteville, le 25 janvier

---

(1) Archives de la Charente, abb. de La Couronne, Archiac.
(2) Ibid., minutes de Jeheu, notaire à Angoulême.

1482 (1), et vidime, conjointement avec Raymond Achard, abbé de La Couronne, le 20 septembre 1483, une bulle du pape Paul I (2).

II. CHARLES-JOSEPH de Mayol, que le *Gallia* ne cite que d'après la date de ses bulles, prend possession de l'abbaye de Bassac le 24 décembre 1718 (3), et afferme, par bail du 7 janvier 1728, tous les droits d'agriers appartenant à son abbaye dans la paroisse de Moulidars (4).

III. PAUL-ALAIN de la Vigerie, bachelier en théologie de la Faculté de Paris, récemment pourvu en commende de l'abbaye de Bassac, fait dresser, le 20 août 1731, un procès-verbal détaillé des réparations à faire à la dite abbaye (5).

SAINT-ETIENNE DE VAUX.

(Gall. Christ., II, col. 1113.)

I. GRACIEN, abbé de Saint-Etienne de Vaux, qui restitue, le 7 septembre 1364, à l'abbaye de La Couronne, la grange de La Lande, que l'abbaye de Vaux avait prise de celle de La Couronne, en échange d'une rente que cette dernière s'était trouvée, par suite des guerres, hors d'état de payer (6), n'a pas été connu des auteurs du *Gallia Christiana*, et doit reculer d'une année au moins l'abbé Robert que ces auteurs font siéger dès 1363.

SAINT-ETIENNE DE BAIGNES.

(Gall. Christ., II, col. 1118.)

I. RAYMOND, abbé de Baignes, que le *Gallia Christiana* ne mentionne qu'à la date de 1170, renonce, en 1178, moyennant six deniers de cens annuel, aux droits que son abbaye pouvait avoir sur une terre sise au Breuil-d'Archiac, que Raymond de la Vergne, qui s'en disait propriétaire, avait donnée à l'abbaye de La Couronne (7).

---

(1) Archives de la Charente, abb. de Saint-Cybard, Bouteville.
(2) Ibid., abb. de Saint-Cybard.
(3) Ibid., minutes de Deroullède, notaire à Angoulême.
(4) Ibid.
(5) Ibid.
(6) Ibid, abb. de La Couronne, Archiac.
(7) Ibid., abb. de La Couronne, Dissail.

II. P., abbé de Baignes, que le *Gallia* mentionne pour la première fois à la date de 1219, d'après une charte de l'abbaye de La Frénade, assiste, en 1211, à la donation faite à la commanderie de Boutiers par Seguin de Boutiers et Rixende, sa femme, de la terre de Font-Durand avec les droits d'usage en dépendant, et souscrit, en 1217, dans une charte de la préceptorerie de Beusses, membre dépendant de l'abbaye de La Couronne (1).

III. GUILLAUME I, abbé de Baignes, que le *Gallia* ne cite qu'à la date de 1188, notifie, en décembre 1222, une sentence rendue par Guillaume Potier, prêtre, et Foucher Yvon, clerc, juges délégués par Hélie, évêque de Saintes, entre le prieur de Bouteville et l'aumônier de la Maison-Ancienne (2).

IV. P., abbé de Baignes, que le *Gallia* ne cite pas avant 1219, souscrit, dès 1117, dans une charte de la préceptorerie de Beusses, membre dépendant de l'abbaye de La Couronne (3).

V. R., dont les auteurs du *Gallia* ne font aucune mention, assiste, en 1230, à l'accensement fait à l'abbaye de La Couronne par Guillaume de la Lande, chevalier, et Agnès, sa femme, de leurs cultures du Charcos, entre Sainte-Radégonde et Montémil. (4), et doit être inséré à la suite de P. dont ces auteurs font le IVe abbé de Baignes.

VI. JEAN de La Rochefoucauld, abbé légal de Baignes *(abbas legalis Beaniæ)*, qui présente à l'évêque de Saintes, le 15 avril 1527, des religieux sous-diacres, pour qu'ils soient élevés au diaconat (5), n'a pas été connu des auteurs du *Gallia*.

FONT-DOUCE.

(Gall. Christ., II, col. 1120.)

I. PIERRE, qui souscrit, en 1180, avec le titre d'abbé de Font-Douce, dans une charte du prieuré d'Hautevaux, membre dépen-

---

(1) Archives de la Charente, abb. de La Couronne, Beusses.
(2) Ibid., abb. de Saint-Cybard, prieuré de Bouteville.
(3) Ibid., abb. de La Couronne, Beusses.
(4) Ibid.
(5) Ibid., abb. de Baignes.

dant de l'abbaye de La Couronne (1), n'a pas été connu des auteurs du *Gallia* et doit être placé entre Arnaud et Foucher.

11. FOUCHER, que les auteurs du *Gallia* mentionnent sans indiquer une seule date et un seul acte de son abbatiat, souscrit comme témoin, en 1194, dans une charte de Jean, évêque d'Angoulême, en faveur de l'abbaye de La Couronne (2).

111. JACQUES de Lyvenne, que le *Gallia* ne cite pas, comme abbé de Font-Douce, avant 1541, reçoit ses bulles et est mis en possession de cette abbaye par Charles de Lyvenne, abbé de Saint-Cybard d'Angoulême, dès le 11 mai 1530 (3).

NOTRE-DAME DE CHATRES.

(Gall. Christ., II, col. 1133.)

I. REGNAUD, abbé de Notre-Dame de Châtres, qui assiste, en 1211, à la donation faite à la commanderie de Boutiers, par Seguin de Boutiers et Rixende, sa femme, n'a pas été connu des auteurs du *Gallia*.

II. JEAN, abbé de Notre-Dame de Châtres et official de l'évêque d'Angoulême, qui paraît avec ces titres dans des chartes du prieuré de Gourville, membre dépendant de l'abbaye de Saint-Cybard, datées des 9 juillet 1448 et 23 avril 1449, n'a été connu des auteurs du *Gallia* que par une charte de l'abbaye de Bassac, du 9 octobre 1455.

III. GUY de Massougnes, que les auteurs du *Gallia* n'ont pas connu, est élu abbé de Châtres le 13 février 1525 (n. s.) et obtient, quelques jours plus tard (21 mars), la confirmation de son élection, malgré les protestations de quelques-uns qui prétendaient que le prieuré de Bouteville, où on avait convoqué l'assemblée, n'était pas un lieu convenable, la confirmation ou l'infirmation de cette élection devant être faite, suivant l'ancien usage, à Saintes, dans le palais épiscopal (4).

(1) Archives de la Charente, abb. de La Couronne, Hautevaux.
(2) Ibid., abb. de La Couronne, La Leige.
(3) Ibid., abb. de Saint-Cybard.
(4) Ibid., abb. de La Couronne.

IV. CHARLES Guérin, mentionné à la date du 4 avril 1531 (n. s.) dans une charte du prieuré de Saint-Cybardeaux, membre dépendant de l'abbaye de Saint-Cybard, n'a pas été connu des auteurs du *Gallia*.

V. JACQUES de Lyvenne, abbé de Notre-Dame de Châtres et prieur claustral de Saint-Cybard, qui porte ce double titre dans le procès-verbal d'une assemblée capitulaire tenue dans cette dernière abbaye, le 31 juillet 1529, n'a pas été connu des auteurs du *Gallia*.

VI. FRANÇOIS de Lyvenne, qui fait, le 20 novembre 1534, en qualité d'abbé de Châtres, l'acquisition d'immeubles situés dans la paroisse de Saint-Yrieix, n'a pas été connu des mêmes auteurs.

VII. CHARLES de Lyvenne, abbé de Châtres et chambrier de Saint-Cybard, qui est relaté avec cette double qualité dans une pièce de procédure du 12 janvier 1546, a été inconnu des mêmes auteurs.

VIII. FRANÇOIS de Grave, abbé de Châtres et grand-vicaire de l'évêque de Saintes, reçoit le 23 février 1755, la déclaration censuelle des tenanciers de la prise du Breuil, relevant de son abbaye (1).

DIOCÈSE DE PÉRIGUEUX

ÉVÊQUES DE PÉRIGUEUX

(Gall. Christ., II, col. 1476.)

I. HÉLIE Pilet, que le *Gallia Christiana* ne relate pas après le 7 mars 1273, scelle, comme évêque de Périgueux, le mardi avant St-Barnabé (9 juin) 1276, un aveu rendu à Guillaume de Blaye,

---

(1) Archives de la Charente, Veau, notaire à Saint-Genis.

évêque d'Angoulême, alors à Chalais, par Guillaume d'Angoulême, chevalier (1).

II. RAYMOND d'Auberoche, que les auteurs du *Gallia* n'ont pas
connu avant 1283, époque à laquelle il est mentionné comme
évêque de Périgueux et successeur d'Hélie, dans une charte de
l'abbaye de Notre-Dame de La Peyrouse, notifie, dès le lundi
avant la fête de la Chaire de St-Pierre (15 janvier) 1280 (n. s.),
une vente faite au prieur de Puyfoucaud par Arnaud de la
Royère (2).

III. FOUCAUD de Bonneval, cité comme évêque de Périgueux,
le 25 novembre 1553, dans un arrêt du Grand-Conseil du Roi de
Navarre (3), n'a pas été connu des auteurs du *Gallia,* s'il n'est le
même que l'évêque de ce nom dont ils placent la mort en 1540, et
doit être inséré entre Geoffroy de Pompadour et Guy Bouchard
d'Aubeterre.

ARCHIDIACRES DE PÉRIGUEUX (4)

I. GUILLAUME de Nanclars, *Petragoricensis archidiaconus,*
souscrit, dans une charte de 1117, portant confirmation au profit
de l'abbaye de Saint-Cybard d'Angoulême, par Jean, évêque de
Saintes, du don de l'église de Saint-Cybard de Verdille (5).

II. HÉLIE, archidiacre en l'église de Périgueux, souscrit en 1117,
avec Guillaume de Nanclars ci-dessus nommé, dans une charte
de Guillaume, évêque de Périgueux, portant donation à l'abbaye
de Saint-Cybard, de l'église de Saint-Martin de Salles (6).

III. PIERRE de Nanclars, archidiacre en l'église de Périgueux,
souscrit en 1142, dans une charte de Guillaume, évêque de Péri-

---

(1) Archives de la Charente, évêché d'Angoulême, Villebois.
(2) Ibid., abb. de La Couronne, prieuré de Puyfoucaud.
(3) Archives des Basses-Pyrénées, E. 576.
(4) Le *Gallia Christiana* ne donne pas les archidiacres de Périgueux.
(5) Archives de la Charente, cartul. de Saint-Cybard, charte 38.
(6) Ibid., cartul. de Saint-Cybard, charte 34.

gueux, en faveur de l'abbaye de Saint-Cybard (1), et paraît encore, avec les deux titres de doyen et d'archidiacre, dans une charte du cartulaire de Saint-Amand-de-Boixe datée de 1146.

IV. GEOFFROY *de Verno,* archidiacre en l'église de Périgueux, est mentionné et souscrit en 1142, avec Pierre de Nanclars et d'autres dignitaires ecclésiastiques, dans la charte de Guillaume, évêque de Périgueux, en faveur de l'abbaye de Saint-Cybard.

V. ITIER de Périgueux, archidiacre, souscrit, avec les deux archidiacres mentionnés ci-dessus, dans la charte de Guillaume, évêque de Périgueux, en faveur de l'abbaye de Saint-Cybard, et porte encore le titre d'archidiacre dans une charte de Saint-Amand-de-Boixe, datée de 1146.

VI. PIERRE Munet, archidiacre de Périgueux, souscrit, en 1194, dans une charte de Jean, évêque d'Angoulême, en faveur de l'abbaye de La Couronne (2).

VII. B. de Biron, archidiacre en l'église de Périgueux, assiste, en 1227, à la donation faite à l'abbaye de La Couronne par Hélie Senebrunz. de sa moitié de la dîme de Vendoire (3), et souscrit encore, le 15 février 1234 (n. s.), dans une charte de Raymond Ayz et de Gardrade de la Barde en faveur du prieuré de Puy-foucaud.

VIII. PIERRE de Longué *(de Longo Vado),* archidiacre de Périgueux, sourcrit avec B. de Biron, dans la charte du 15 février 1234 (n. s.) indiqué ci-dessus.

IX. RENOULT de Mareuil, archidiacre de Périgueux, est arbitre et prononce une sentence entre des particuliers, le samedi après la Toussaint (6 novembre 1260) (4). C'est probablement lui qui, sous l'initiale R, scelle une lettre sans date adressée par le clergé du diocèse de Périgueux au roi St-Louis, pour demander un sénéchal (5).

---

(1) Archives de la Charente, cartul. de Saint-Cybard, charte 32.
(2) Ibid., abb. de La Couronne, maine de La Leige.
(3) Ibid., abb. de La Couronne, prieuré de Vendoire.
(4) Archives des Basses-Pyrénées, E. 822.
(5) Archives Nationales, J. 292.

X. Guillaume de la Tour-Blanche, archidiacre de Périgueux et oncle d'Itier de la Tour-Blanche, assiste, le 19 février 1272 (n. s.), à l'hommage rendu par ledit Itier à l'abbé de Saint-Cybard, pour la haute justice de Montignac et de Palluaud, qu'il tenait en fief de ladite abbaye (1), et souscrit encore, le 13 mars 1297 (n. s.), dans une charte du prieuré du Cercle, au diocèse de Périgueux, membre dépendant de l'abbaye de Saint-Cybard (2).

XI. Louis Le Cornu, archidiacre d'Outre-Dordogne en l'église de Périgueux, qui se qualifie ainsi en 1484, rend, le 22 avril 1486, comme délégué de l'abbé de Marmoutier, une sentence qui condamne François de la Grue, curé de Claix, à payer une rente au chapitre cathédral de Saint-Pierre d'Angoulême (3).

XII. Pierre Faure s'intitule grand-archidiacre de Périgueux, en 1500, dans une déposition qu'il donne à l'occasion d'un procès pendant devant le sénéchal de Périgord, entre Alain d'Albret et le chapitre de Saint-Front de Périgueux (4).

XIII. Jacques des Prés s'intitule archidiacre de La Double en l'église de Périgueux, dans l'enquête ci-dessus (5).

XIV. Jean Thibaut s'intitule archidiacre de Bergerac en l'église de Périgueux, dans l'enquête relative au procès ci-dessus (6).

XV. Antoine Faure, archidiacre de Périgueux et seigneur de La Gorse, rend hommage, en 1502, à Alain d'Albret, comte de Périgord et vicomte de Limoges (7).

DOYENS DE PÉRIGUEUX

I. J., doyen de Périgueux, souscrit avec B. de Biron et P. de Longué, dans la charte du 15 février 1234 (n. s.) citée ci-dessus,

---

(1) Archives de la Charente, cartul. de Saint-Cybard, charte 117.
(2) Ibid., abb. de Saint-Cybard, prieuré du Cercle.
(3) Ibid., chapitre Saint-Pierre, Claix.
(4) Archives des Basses-Pyrénées, E. 830.
(5) Ibid.
(6) Ibid.
(7) Ibid., E. 664.

en faveur du prieuré de Puyfoucaud, dépendant de l'abbaye de La Couronne.

ABBAYES DU DIOCÈSE DE PÉRIGUEUX

Celles des abbayes du diocèse de Périgueux sur lesquelles nous sommes en mesure de compléter ou rectifier le *Gallia Christiana*, sont les suivantes :

Aubeterre, *Albaterra ;*
Saint-Astier, *Sanctus Asterius ;*
Brantôme, *Brantosmum, O. S. B.;*
Tourtoirac, *Turturiacum, O. S. B.;*
La Périouse, *Petrosa, O. Cist.*

AUBETERRE.

(*Gall. Christ., II, col. 1488.*)

I. ITIER, abbé d'Aubeterre, *abbas Albaterrensis,* qui souscrit, en 1212, dans une charte du cartulaire de l'abbaye de Saint-Cybard d'Angoulême, relative aux droits de cette abbaye sur les dîmes de Chassors (1), n'a pas été connu des auteurs du *Gallia Christiana.*

II. AYMERI, qui souscrit avec la qualité d'abbé d'Aubeterre, dans une charte du prieuré de Vendoire, datée de 1224, et qui reçoit, en 1227, l'acte de la donation qu'Hélie Senebrunz, damoiseau, fait à l'abbaye de La Couronne, de sa moitié de la dîme de Vendoire (2), n'est pas cité par le *Gallia* avant 1229.

III. ETIENNE de Neveu, *Stephanus Nepotis,* qui scelle comme abbé d'Aubeterre, le 4 novembre 1317, un acte de vente entre des particuliers (3), n'a pas été connu des auteurs du *Gallia,* qui ne placent aucun abbé dans la période comprise entre 1249 et 1500.

---

(1) Archives de la Charente, cartul. de Saint-Cybard, charte 87.
(2) Ibid., abb. de La Couronne, Vendoire.
(3) Ibid., chapitre d'Aubeterre.

IV. Aymeri, abbé d'Aubeterre, qui rend, le 17 décembre 1369, au seigneur de Saint-Séverin, l'hommage qu'il lui devait à cause d'un droit de pêche (1), n'a pas été connu des auteurs du *Gallia* qui ne placent aucun abbé d'Aubeterre entre 1249 et 1500.

V. Guy Bouchard, qui se qualifie abbé de l'église collégiale et séculière d'Aubeterre, dans un échange d'héritages qu'il fait, le 31 juillet 1534, avec Pierre de la Place (2), n'a pas été mentionné par les mêmes auteurs, qui ne donnent pas les abbés d'Aubeterre postérieurs à 1500.

VI. François de Chabans paraît comme abbé d'Aubeterre, dans des pièces de procédure des 12 mai 1649 et 23 mars 1651 (3).

VII. René de Chabans, abbé de Saint-Sauveur d'Aubeterre, transige, le 19 novembre 1677, avec Louis Bouchard d'Esparbès de Lussan, marquis d'Aubeterre (4), et prend les titres de chevalier et d'abbé d'Aubeterre, dans la plainte qu'il dépose, le 17 février 1690, au sujet d'un vol de vases sacrés et ornements, commis dans son église (5).

SAINT-ASTIER.

(Gall. Christ., II, col. 1488.)

I. Geoffroy, abbé de Saint-Astier, qui souscrit, en 1221, dans une charte de Guillaume Maingot, seigneur de Surgères, en faveur de l'abbaye de Saint-Jean-d'Angély (6), n'a pas été connu des auteurs du *Gallia Christiana,* qui ne placent aucun abbé entre 1178 et 1278.

II. Geoffroy, second du nom, qui assiste, le 6 novembre 1260, à une sentence arbitrale prononcée par Renoult de Mareuil, archidiacre de Périgueux (7), ne paraît pas être le même que le précédent et n'a pas été connu des auteurs du *Gallia.*

---

(1) Archives de la Charente.
(2) Ibid.
(3) Ibid.
(4) Ibid., minutes de Jeheu, notaire à Angoulême.
(5) Ibid., minutes de Peynaud, notaire à Angoulême.
(6) Biblioth. de Poitiers, mss. de D. Fonteneau, xxvii bis, p. 385.
(7) Archives des Basses-Pyrénées, E. 822.

III. Hélie, vénérable abbé de Saint-Astier, qui souscrit, en mai 1277, dans la charte de la donation faite par Ayz de Vernode, damoiseau, à Foucaud, abbé de La Couronne, du domaine de Mas-Marteau, paroisse de Vendoire (1). n'a pas été connu des auteurs du *Gallia*.

IV. Archambaud de Périgord, que le *Gallia* ne cite qu'à la date de 1319, transige, de 1312 à 1317, avec Jourdain de l'Isle et Catherine de Grailly (2).

BRANTÔME.

(*Gall. Christ., II, col. 1490.*)

I. Guillaume, que le *Gallia* place en 1076, d'après une charte du cartulaire de Saint-Cybard dans laquelle il figure avec Seguin, abbé de ce monastère, et Chalon, archidiacre d'Angoulême, doit être avancé d'un siècle et mis en 1176 (3).

II. Raymond, abbé de Brantôme, qui arrente, en 1223, à la maison de La Leigne, membre dépendant de l'abbaye de La Couronne, la borderie de La Fouchère et d'autres héritages y attenant (4), n'a pas été connu des auteurs du *Gallia* qui placent un abbé du nom de Bernard aux deux dates de 1217 et 1226.

III. Guillaume, abbé de Brantôme, qui souscrit, le mardi après l'Epiphanie (10 janvier) 1245 (n. s.), dans une charte du cartulaire de l'abbaye de Saint-Cybard, dans laquelle il est dit frère de Robert. abbé de ce monastère (5). n'a pas été connu des auteurs du *Gallia Christiana* qui ne citent aucun abbé entre 1226 et 1258.

TOURTOIRAC.

(*Gall. Christ., II, col. 1496.*)

I. Adhémar, qui scelle, en 1303, comme abbé de Tourtoirac, l'acte d'adhésion au procès de Boniface VIII (6), n'a pas été connu

---

(1) Archives de la Charente, abb. de La Couronne, Vendoire.
(2) Archives des Basses-Pyrénées, E. 617.
(3) Archives de la Charente, cartulaire de Saint-Cybard.
(4) Ibid., abb. de La Couronne, prieuré de Vendoire.
(5) Ibid., cartul. de Saint-Cybard, charte 121.
(6) Archives nationales, J. 481.

des auteurs du *Gallia Christiana* qui ne citent aucun abbé de ce monastère, de 1245 à 1400.

II. PIERRE Viguier, abbé de Tourtoirac, qui est mentionné en 1461. comme déposant dans une enqête faite par Pierre Dubois, juge de Ségur. dans un procès pendant entre le vicomte de Limoges et Gouffier de Pompadour, au sujet des droits que tous les deux prétendaient avoir sur la châtellenie de Ségur (1), n'a pas été connu des auteurs du *Gallia,* qui ne placent aucun abbé entre 1400 et 1489.

LA PEYROUSE.

(*Gall. Christ., II, col. 1505.*)

I. GUILLAUME, abbé de La Peyrouse, qui prononce, le 11 mars 1263 (n. s.), une sentence arbitrale entre Gérard de Magnac, Mathieu Odon et Géraud, son neveu, au sujet d'un bois situé près du domaine appelé *Odonia* (2), n'a pas été connu des auteurs du *Gallia* avant 1270, époque à laquelle ils citent son nom, sans indiquer un seul de ses actes.

II. ETIENNE, abbé de La Peyrouse, qui donne quittance, en 1344, à Itier de Magnac, pour les droits de lods et ventes appartenant à l'abbaye, par suite des acquisitions de terres faites à Milhac par ledit Itier et Robert, son fils (3), n'a pas été connu des auteurs du *Gallia,* s'il n'est le même que celui qu'ils appellent Etienne II et dont ils ne citent que le nom, à la date de 1366.

---

(1) Archives des Basses-Pyrénées, E. 864.
(2) Ibid., E, 751.
(3) Ibid., E. 762.

DIOCÈSE DE SARLAT (1)

ÉVÊQUES DE SARLAT

(Gall. Christ., II, col. 1512.)

I. PIERRE de Mayrolles, dont le *Gallia Christiana* dit qu'il fut élu évêque en 1350, prend cette qualité dès le 7 juillet 1348, dans un traité intervenu, à sa médiation, entre Aimeri, abbé de Saint-Cybard d'Angoulême, et le prévôt du prieuré de Thémolat, membre dépendant de cette abbaye (2).

ARCHIDIACRES DE SARLAT

I. HÉLIE de Périgord, archidiacre de Sarlat, traite, de 1312 à 1317, au nom de l'évêque de Périgueux, avec Archambaud III, comte de Périgord, au sujet de certains droits de justice (3).

ABBAYES DU DIOCÈSE DE SARLAT

TERRASSON.

(Gall. Christ., II, col. 1533.)

I. HUGUES de la Roche, abbé de Saint-Sor de Terrasson, ordre de St-Benoît, qui fait hommage à Regnaud de Pons, le mercredi

---

(1) Le diocèse de Sarlat, érigé en 1317, par le pape Jean XXII, fut supprimé à la Révolution, et fait actuellement partie de celui de Périgueux
(2) Archives de la Charente, abb. de Saint-Cybard.
(3) Archives des Basses-Pyrénées, E. 617.

avant la fête de la Chaire-de-St-Pierre à Rome (17 janvier) 1364 (n. s.) (1), n'a pas été connu des auteurs du *Gallia Christiana* qui ne placent aucun abbé entre 1354 et 1439.

II. BERTRAND de la Faye, abbé commendataire de Terrasson, qui confère, dès le 19 octobre 1520, l'église paroissiale de St-Hilaire de Montignac, membre dépendant de son abbaye (2), et qui s'intitule abbé commendataire de Terrasson et vicaire général de Jean de Plas, évêque élu de Périgueux, dans des lettres du 1er février 1525 (n. s.), n'a pas été connu des auteurs du *Gallia*.

DIOCÈSE DE LIMOGES

ÉVÊQUES DE LIMOGES

(*Gall. Christ., II, 538.*)

I. ANTOINE Lascaris de Tende, duquel le *Gallia Christiana* dit qu'il passa du siège de Beauvais à celui de Limoges, par permutation avec Charles de Villiers, sans indiquer d'ailleurs un seul acte ni une seule date de son épiscopat, consent, par lettres du 21 juillet 1531, à l'union de la cure de Nontron et de ses annexes à l'abbaye de St-Ausone d'Angoulême (3).

II. ANDRÉ de la Marthonie, que le *Gallia* appelle Henri et duquel il ne cite aucun acte antérieur à 1587, transige, le 6 août 1585, avec messire Jacques de la Marthonie, chevalier, sieur de Puyguillon (4).

ARCHIDIACRES DE LIMOGES (5)

I. HÉLIE, archidiacre de Limoges, assiste, en 1150, à la réitération d'un traité conclu en 1120, entre les abbayes de La Couronne et

---

(1) Archives des Basses-Pyrénées, E. 867.
(2) Archives de la Charente, abb. de St-Cybard, Montignac.
(3) Ibid., abb. de St-Ausone, cures de Nontron et de Grassac.
(4) Ibid., minutes de Gibaud, notaire à Angoulême, acte du 22 avril 1598, relatant celui du 6 août 1585, cité ci-dessus.
(5) Le *Gallia* ne donne pas la liste des archidiacres de Limoges.

de Fontevrauld, au sujet de la possession de la forêt d'Agudelle, en Saintonge (1).

II. Hélie de Mareuil, archidiacre de Limoges et de Périgueux, qui souscrit, en 1180, dans une charte du prieuré de Hautevaux, membre dépendant de l'abbaye de La Couronne (2), est peut-être le même qu'Hélie, mentionné ci-dessus.

III. Martial Martel, archidiacre de la Marche en l'église de Limoges, est relaté, le mercredi après la fête de St-André (27 novembre) 1331, comme ayant vendu antérieurement à cette époque, une rente foncière à Ithier de Magnac, chevalier (3).

ABBAYES DU DIOCÈSE DE LIMOGES

Celles des abbayes du diocèse de Limoges sur lesquelles nous pouvons rectifier ou compléter le *Gallia Christiana* sont les suivantes :

S. Pierre du Dorat, *S. Petrus Doratensis ;*
S. Martin de Limoges ; *O. S. B.;*
S. Augustin de Limoges ; *O. S. B.;*
Lesterps, *Stirpum ; O. S. A.;*
Dalon, *Dalonum ; O. Cist ;*
Le Palais-Notre-Dame, *Palatium ; O. Cist.*

S. Pierre du Dorat.

(*Gall. Christ., II, col. 552.*)

I. Philippe Barthon de Montbas, que le *Gallia Christiana* ne mentionne pas après 1466, se qualifie abbé de St-Pierre du Dorat et vicaire général de l'évêque de Limoges, dans un titre des archives de la paroisse de St-Quentin de Chabanais, du 26 juillet 1471 (4).

---

(1) Archives de la Charente, abb. de La Couronne, Agudelle.
(2) Ibid., abb. de La Couronne, Hautevaux.
(3) Archives des Basses-Pyrénées, E. 761.
(4) Archives de la Charente, série G, St-Quentin-de-Chabanais.

S. Augustin de Limoges.

(Gall. Christ., II, col. 575.)

I. Simon, que le *Gallia* ne cite qu'aux dates de 1311 et 1315, scelle, comme abbé de St-Augustin, la procuration donnée par son chapitre au délégué de l'abbaye aux Etats généraux de 1317 (1).

S. Martin de Limoges.

(Gall. Christ., II, col. 585.)

I. Guillaume, qui scelle, comme abbé, la procuration donnée par son chapitre au délégué du monastère pour les Etats généraux de 1317 (2), n'a pas été connu des auteurs du *Gallia*.

Lesterps.

(Gall. Christ., II, col. 623.)

I. Bertrand de Mons, abbé commendataire, dont le *Gallia* ne fait pas mention après 1482, est encore présent, comme abbé, le 6 juillet 1489, à une délibération du chapitre de son monastère (3).

II. Michel-François de Maillé de la Tour-Landry, abbé commendataire de Lesterps, afferme des terres dépendant de son abbaye, par baux des 28 mai 1748 et 22 septembre 1749 (4).

III. Joseph de Payant, abbé commendataire, présente Guillaume de Loménie au prieuré de St-Martin de Sardant, le 16 mai 1754 (5), et reçoit, le 17 octobre 1760, la résignation de Claude-Victor de Ferrière, chanoine régulier de la Congrégation de France, prieur de St-Pierre de La Trémouille, diocèse de Poitiers (6).

---

(1) Archives nationales, J. 443.
(2) Ibid., J. 204.
(3) Archives de la Charente, G, paroisse de Lézignac.
(4—5—6) Archives de la Charente, minutes de Moureau, notaire à Confolens.

DALON.

(Gall. Christ,, II, col. 625.)

I. Géraud, abbé de Dalon, que le *Gallia* ne relate pas avant 1183, figure dès 1179 dans une sentence arbitrale rendue par Adhémar, évêque de Saintes, entre lui et l'abbesse de Notre-Dame dudit lieu (1).

LE PALAIS-N.-D.

(Gall. Christ., II, col. 634.)

I. Guillaume, qui notifie, comme abbé du Palais-Notre-Dame, le lendemain de la fête de St-Hilaire (15 janvier) 1253 (n. s.), une vente faite par Guillaume de Villiers, sergent, à Yolande, comtesse de la Marche et d'Angoulême (2), est cité pour la première fois par le *Gallia,* à la date de 1257.

DIOCÈSE DE POITIERS

ARCHIDIACRES DE POITIERS (3)

I. Gauthier, archidiacre de Poitiers, est mentionné, à la date de 1087, dans la charte par laquelle Adhémar de Curzay donne à l'abbaye de Noyers, au diocèse de Tours, l'église de Chatelleraud (4).

II. Pierre, archidiacre, souscrit en 1098, dans la charte par laquelle Pierre, évêque de Poitiers, fait don à l'abbaye de Saint-

---

(1) Biblioth. nationale, mss. 19,029 du fonds latin, folio 217.
(2) Ibid., fonds Bouyer, cartul. des comtes de Poitou et d'Angoulême.
(3) Le *Gallia* ne donne pas la liste des archidiacres de Poitiers.
(4) Cartulaire de l'abbaye de Noyers, charte C L (Mémoires de la Société archéologique de Touraine, tome XXII).

Amand-de-Boixe, de l'église de Chasseneuil, sur le Clain (1), et
assiste, vers 1114, à une donation que font à l'abbaye de Noyers,
au diocèse de Tours, Auger de la Rajace et Sarrazine, sa
femme (2).

III. Hervé, archidiacre de Poitiers, souscrit, en 1098, avec
Pierre, nommé ci-dessus, dans la charte de Pierre, évêque de
Poitiers, en faveur de l'abbaye de Saint-Amand-de-Boixe, et on
le trouve encore, comme témoin, dans la charte, datée du 30 juillet 1117, par laquelle Guillaume I, évêque de Poitiers, fait don à
l'abbaye de Charroux, de l'église paroissiale de St-Pierre
d'Ambernac (3).

IV. Guillaume, archidiacre de Poitiers, souscrit, en 1111, avec
Hervé, autre archidiacre, dans une charte de Pierre, évêque de
Saintes (4).

V. Etienne, archidiacre de Poitiers, souscrit avec Hervé, aussi
archidiacre, dans la charte citée plus haut, par laquelle Pierre,
évêque de Poitiers, donne à l'abbaye de Charroux, l'église paroissiale de St-Pierre d'Ambernac.

VI. Pierre, archidiacre de Poitiers, qui assiste, en 1150, au
renouvellement d'un traité conclu en 1120, entre l'abbaye de
La Couronne et celle de Fontevrauld, au sujet de la possession de
la forêt d'Agudelle (5), ne paraît pas être le même que l'archidiacre de ce nom relaté plus haut, aux dates de 1098 et 1114.

VII. Pierre, archidiacre de Thouarçais en l'église de Poitiers,
qui est mentionné et souscrit en 1180, dans la charte de fondation

(1) Archives de la Charente, cartul. de Saint-Amand-de-Boixe, charte
225. — Il s'agit ici de Chasseneuil, près Poitiers.
(2) Cartul. de l'abb. de Noyers, charte CCCXCVIII.
(3) Biblioth. de Poitiers, mss. de D. Fonteneau, IV, p. 39.
(4) Biblioth. Nationale, mss. 17,029 du fonds latin. Le manuscrit, qui
n'est qu'une copie, porte : *Guillelmo de Arveo, archidiacono Pictavensi ;*
mais il faut évidemment lire : *Guillelmo et Arveo, archidiaconis Picta-
vensibus.* On vient de voir, en effet, qu'Hervé était archidiacre en 1098 et
1117, et qu'il n'a jamais pris le prénom de Guillaume.
(5) Archives de la Charente, abb. de La Couronne, Agudelle.

du prieuré de Hautevaux, au diocèse de Limoges (1), ne paraît pas être le même que le précédent.

VIII. Raoul Guillot, archidiacre de Poitiers, vidime, le 2 septembre 1276, conjointement avec l'archidiacre d'Angoulême, un hommage rendu, en 1243, à l'évêque d'Angoulême, par Guillaume de La Rochechandry (2).

IX. Pierre de Baglion de la Salle, docteur en théologie, abbé de Bonnevaux, grand-archidiacre et chanoine de Poitiers, fait don, le 1er septembre 1695, à l'église de Saint-Pierre de Lessac, par les mains de Pierre Babaud de Monvallier, curé dudit lieu, d'une somme de 200 livres à prendre sur plus grande somme due au donateur (3).

ABBAYES DU DIOCÈSE DE POITIERS

Saint-Hilaire-le-Grand.

Trésoriers.

(Gall. Christ., II, col. 1226).

I. Joseph-André-François Darmagnac, écuyer, prêtre, trésorier de l'église collégiale de Saint-Hilaire-le-Grand en la ville de Poitiers, donne à rente, par bail du 13 septembre 1743, à dame Elizabeth Frotier de la Messelière, une maison sise à Poitiers (4).

Doyens.

(Gall. Christ., II, col. 1228).

I. Guillaume Bar, que le *Gallia* ne mentionne pas comme doyen, après 1391, prend encore cette qualité dans une sentence

---

(1) Archives de la Charente, abb. de La Couronne, Hautevaux.
(2) Ibid., évéché d'Angoulême, La Rochechandry.
(3) Ibid , minutes de Thorigné, notaire à Saint-Germain-sur-Vienne.
(4) Archives de Loir-et-Cher, E. 109.

arbitrale qu'il rend, vers 1398, sous le pontificat de Benoît XIII, entre Jacques Homailh, clerc, et Armand de la Roche, prêtre du diocèse d'Angoulême, au sujet de l'église de St-André de cette ville, dont ils avaient pourvus à la fois, le premier par le pape, le second par l'archevêque de Bordeaux (1).

II. JEAN D'AMBOISE, licencié en droit canon et civil, *in utroque jure licenciatus,* qui dépose, le 19 octobre 1463, dans une enquête ouverte au sujet de certains droits du prieuré de Gourville, membre dépendant de l'abbaye de Saint-Cybard d'Angoulême (2), n'a pas été connu des auteurs du *Gallia* qui ne placent aucun doyen entre Jean d'Etampes, mort en 1455, et Pierre de Rochechouart qu'ils ne citent qu'à la date de 1503.

SAINT-HILAIRE DE LA CELLE.

(Gall. Christ., II. col. 1236).

I. PIERRE, abbé de la Celle, qui est mentionné comme présent et qui souscrit, en 1180, dans la charte de fondation du prieuré de Hautevaux, au diocèse de Limoges (3), paraît être un abbé de St-Hilaire de la Celle, et dut succéder à Guillaume Tempier qui fut élu évêque de Poitiers vers 1180.

NANTEUIL-EN-VALLÉE.

(Gall. Christ., II, col 1293).

I. GUILLAUME, abbé de Nanteuil-en-Vallée, qui souscrit en cette qualité dans une charte du cartulaire de l'abbaye de Saint-Amand-de-Boixe, datée de 1206 (4), n'a pas été connu des auteurs du *Gallia Christiana* avant 1215, époque à laquelle il figure dans une charte de Guillaume, évêque d'Angoulême.

---

(1) Archives de la Charente, reg. de Des Ages, notaire à Angoulême.
(2) Archives de la Charente, abb. de Saint-Cybard, Gourville.
(3) Ibid., abb. de La Couronne, Hautevaux.
(4) Ibid., abb. de Saint-Amand-de-Boixe.

II. Hugues, dont le *Gallia* ne cite que le nom à la date de 1305, appose son sceau, le 15 octobre 1303, à l'acte d'adhésion donné par ses religieux à l'appel au futur concile interjeté par le roi Philippe-le-Bel, dans le procès contre le pape Boniface VIII.

III. Gautier de Montagu, du diocèse de Londres, pourvu en commende de l'abbaye de Nanteuil, par bulles en date du 17 des calendes de janvier 1652 (15 décembre 1651), en prend possession devant Béchemilh, notaire à Saint-Gervais, le 18 avril 1653.

Angoulême. — Imp. Baillarger, rue Tison d'Argence, 3.

www.ingramcontent.com/pod-product-compliance
Lightning Source LLC
Chambersburg PA
CBHW070930280326
41934CB00009B/1811